MODERNES RUSSISCH

МОСТ 1

Ein Russisch-Lehrwerk für Anfänger

von
Irma Adler, Ljudmila Bolgova,
Julie Dost und Nelli Zentner

Ernst Klett Verlag
für Wissen und Bildung
Stuttgart · Dresden

Vorwort

MOCT – auf deutsch „Brücke" – ist das neue Lehrwerk im Programm **Modernes Russisch**. **MOCT** wurde von vorwiegend muttersprachlichen Autorinnen mit langjähriger Unterrichtspraxis entwickelt. Es wendet sich an erwachsene Lerner ohne Vorkenntnisse und an ältere Schüler, die Russisch als spät einsetzende Fremdsprache erlernen.
Das Lehrbuch enthält 20 Lektionen, von denen jede fünfte eine Wiederholungslektion ist. Alle Lektionen sind nach dem gleichen Prinzip aufgebaut: *Strukturdialoge* führen die jeweiligen thematischen und grammatischen Schwerpunkte ein. *Kommunikative Übungen* fordern gleich von Anfang an zum Sprechen und Zuhören auf. Die *grammatischen Strukturen* werden in graphischen Darstellungen veranschaulicht. Die *Haupttexte* behandeln, unter Verwendung der in den Strukturdialogen eingeführten Sprachmuster, interessante Themen, an die sich wieder *Gesprächsübungen* anschließen. Die Themen beziehen sich auf russische Alltagssituationen und schließen die Perspektive des deutschen Lerners ein. Es soll ein realistisches Bild der russischen Gesellschaft wiedergegeben werden. Bei den in manchen Texten und auf Abbildungen genannten Preisen wurden jedoch Phantasiepreise gewählt, da der gesellschaftliche Umbruch in seinen wirtschaftlichen Auswirkungen die Nennung aktueller, realistischer Preise unmöglich macht. *Landeskundliche Informationen* in deutscher Sprache runden jede Lektion – außer den Wiederholungslektionen – thematisch ab.
Auf den *Kassetten* zum Lehrbuch finden sich alle Strukturdialoge und Haupttexte sowie einige Übungen. Es handelt sich um Originalaufnahmen, die ausschließlich in Moskau mit einheimischen Sprechern produziert wurden!
Die Inhalte und die grammatischen Schwerpunkte von **Modernes Russisch – MOCT 1** orientieren sich am VHS-Grundbaustein. Der zweite Band wird den Anforderungen des VHS-Zertifikats entsprechen.

Erläuterungen der Symbole

1-9 Strukturdialoge

Text auf Kassette

Gesprächsübung

Lesetext (Haupttext)

Schriftliche Übung

LK Landeskunde

Verwendete Abkürzungen

Akk.	Akkusativ
Dat.	Dativ
f	feminin, weiblich
Gen.	Genitiv
indekl.	indeklinabel
Instr.	Instrumental
m	maskulin, männlich
n	neutral, sächlich
Nom.	Nominativ
Pers.	Person
Pl.	Plural, Mehrzahl
Präp.	Präpositiv
reflex.	reflexiv
Sing.	Singular, Einzahl
ungebr.	ungebräuchlich
uv.	unvollendeter Aspekt
v.	vollendeter Aspekt

Inhalt

Vorkurs

Die russische Schrift

Die Grundlage der heutigen russischen Schrift ist die *Kyrillica*, die nach dem *Vorbild* des griechischen *Alphabets* von den *Mönchen Kyrillos und Methodios* geschaffen wurde.

кири́ллица образе́ц
а́збука мона́хи Кири́лл и Мефо́дий

Diese sogenannten Slawenapostel übersetzten im 9. Jahrhundert im Zuge der *Christianisierung* Bulgariens Teile der Bibel ins Altbulgarische, das zur Grundlage des Altkirchenslawischen wurde.

христианиза́ция

Die Sprache der *Liturgie* (Ablauf eines Gottesdienstes) wurde auch als Amts- und Literatursprache verwendet, bis im 18. Jahrhundert das Russisch des bislang vorwiegend gesprochenen Moskauer Dialekts zur *Schriftsprache* wurde.

литургия́

литерату́рный язы́к

In dieser Zeit, als *Peter der Große* das Land reformierte und zum Westen hin öffnete, sind viele westeuropäische *Lehnwörter* in die russische Sprache gekommen.

Пётр Вели́кий

заи́мствованные слова́

А а Б б В в Г г Д д Е е Ё ё Ж ж З з

Aa Ee

И и Й й К к Л л М м Н н О о П п Р р

Кк Мм Оо

С с Т т У у Ф ф Х х Ц ц Ч ч Ш ш

Тт

Щ щ ъ ы ь Э э Ю ю Я я

Übung 1

Hören Sie zu und lesen Sie mit!

такт, ма́ма, а́том, кака́о, акт, те́ма, мат, мо́кко, тома́т,
О́тто, То́ма, Том, Ока́

А а Б б **В в** Г г Д д **Е е** Ё ё Ж ж З з

Аа Вв Ее

И и Й й **К к** Л л **М м** **Н н** **О о** П п **Р р**

Кк Мм Нн Оо Рр

С с **Т т** **У у** Ф ф **Х х** Ц ц Ч ч Ш ш

Сс Тт Уу Хх

Щ щ ъ ы ь Э э Ю ю Я я

Übung 2

Hören Sie zu und lesen Sie mit!

ка́сса, ва́нна, ка́рта, теа́тр, но́та, сорт, метро́, температу́ра, орке́стр, текст, курс, торт, нерв, хокке́й, автома́т, самова́р, рестора́н, хара́ктер, матро́с, океа́н, хао́с
Анто́н, А́нна, Ве́ра, Марк, Окса́на, Тама́ра, Е́ва, Рена́та, Са́вва, Све́та, Ерева́н, Москва́, Ве́на, Омск, Томск, Нева́

А а **Б б** **В в** **Г г** **Д д** **Е е** Ё ё Ж ж З з

Аа Бб Вв Гг Дд Ее

И и **Й й** **К к** **Л л** **М м** **Н н** **О о** **П п** **Р р**

Ии Йй Кк Лл Мм Нн Оо Пп Рр

С с **Т т** **У у** Ф ф **Х х** Ц ц Ч ч Ш ш

Сс Тт Уу Хх

Щ щ ъ ы ь Э э Ю ю Я я

Übung 3

Hören Sie zu und lesen Sie mit!

таба́к, а́дрес, бана́н, гео́лог, да́ма, институ́т, лак, парк, апте́ка, суп, респу́блика, трибу́на, гигие́на, диало́г, лимона́д, парла́мент, ра́дио, стадио́н, телегра́мма, хи́мик, бассе́йн, до́ктор
идеали́ст, кли́ника, леге́нда, поли́тика, телеви́зор, колле́га, литерату́ра, спортсме́н, туале́т
Бори́с, Гали́на, Дми́трий, Ива́н, Лео́нтий, Па́вел
Берли́н, Га́мбург, Санкт-Петербу́рг, Литва́

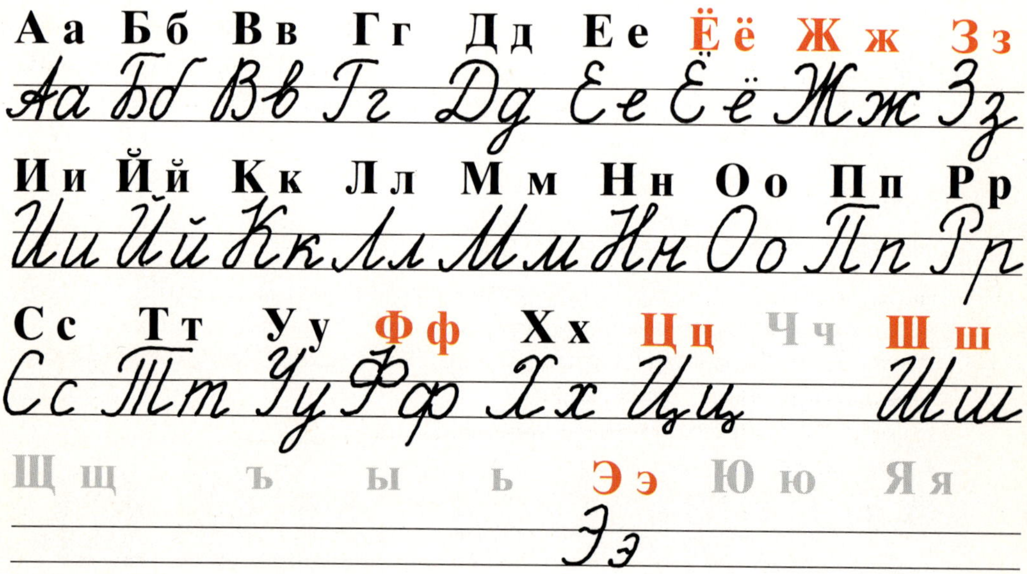

Übung 4

Hören Sie zu und lesen Sie mit!

журна́л, зоопа́рк, фото́граф, цирк, пассажи́р, экза́мен, фи́зика, сце́на, шокола́д, элеме́нт, жонглёр, зако́н, фа́брика, центр, шеф, эта́ж, катастро́фа, лифт, магази́н, мане́ж
профе́ссор, специали́ст, экономи́ст, телефо́н, маши́на, ро́за, поэ́т, шофёр, тайфу́н, ва́за, факт
Жо́ра, Зинаи́да, Зи́на, Фёдор, Шу́ра, Э́лла, Э́мма, Жак, Заха́р, Эдуа́рд, Джордж, Жа́нна, Цейло́н

А а Б б В в Г г Д д Е е Ё ё Ж ж З з

Аа Бб Вв Гг Дд Ее Ёё Жж Зз

И и Й й К к Л л М м Н н О о П п Р р

Ии Йй Кк Лл Мм Нн Оо Пп Рр

С с Т т У у Ф ф Х х Ц ц Ч ч Ш ш

Сс Тт Уу Фф Хх Цц Чч Шш

Щ щ ъ ы ь Э э Ю ю Я я

Щщ ъ ы ь Ээ Юю Яя

Übung 5

Hören Sie zu und lesen Sie mit!

чемпио́н, щи, ю́мор, я́хта, иде́я, фильм, культу́ра, объе́кт, интервью́, костю́м, му́зыка, юри́ст
янва́рь, меню́, субъе́кт, ме́бель, плюш, моте́ль, национа́льность, юбиле́й, царь, тюльпа́н, пульс
тео́рия, иллю́зия, карто́фель, эне́ргия, информа́ция, стиль, уто́пия, эпиде́мия, иро́ния, ли́ния
И́ндия, Япо́ния, А́нглия, Арха́нгельск, Татья́на, О́льга, Любо́вь, Ю́ра, Ю́лия

Ива́н, Андре́й, О́льга и Татья́на.

Пётр Ива́нович, Анто́н Андре́евич, Мари́я Ива́новна и Ната́лья Андре́евна

Ива́н – ович	Андре́ – евич
Ива́н – овна	Андре́ – евна

Übung 6

Lesen Sie und beachten Sie die Aussprache auf der Kassette!

Никола́й Серге́евич, Еле́на Серге́евна, Ви́ктор Никола́евич, Ири́на Никола́евна, Фёдор Петро́вич, Мари́на Петро́вна, Михаи́л Па́влович, Раи́са Па́вловна, Константи́н Алекса́ндрович, Лари́са Алекса́ндровна, Ю́рий Леони́дович, Наде́жда Леони́довна, Семён Влади́мирович, Ю́лия Влади́мировна, Вале́рий Анто́нович, Любо́вь Анто́новна

Übung 7

Bilden Sie von folgenden Vornamen die Vatersnamen nach dem Muster:

Макси́м : Макси́мович, Макси́мовна

Алексе́й, Фёдор, Никола́й, Ива́н, Алекса́ндр, Константи́н, Семён, Бори́с, Гера́сим, Дени́с, Лео́нтий, Вади́м, Степа́н, И́горь

Übung 8

Von welchen Vornamen sind folgende Vatersnamen gebildet?

Петро́вич, Ю́рьевна, Тимофе́евич, Заха́ровна, Миха́йлович, Харито́новна

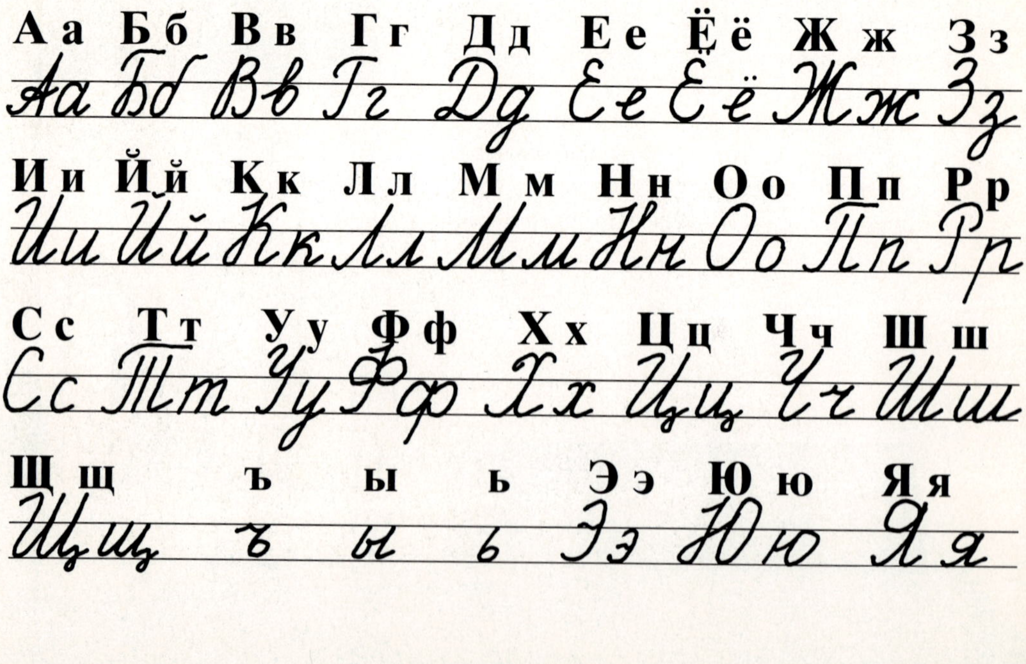

Уро́к 1

Познако́мьтесь, пожа́луйста!

Уро́к 1

Познако́мьтесь, пожа́луйста!

Кто э́то?

Э́то **Ви́ктор**.

Э́то **Ли́за**.

Что э́то?

Э́то **стол.**

Э́то **кни́га.**

Э́то **окно́.**

Кто э́то?
Э́то Анто́н.
Анто́н студе́нт.
Кто **он**?
Он студе́нт.

Кто э́то?
Э́то Ива́н Петро́вич и Ни́на Петро́вна.
Кто **они́**?
Он инжене́р. Она́ журнали́ст.

Кто э́то?
Э́то Э́мма.
Э́мма студе́нтка.
Кто **она́**?
Она́ студе́нтка.

Männlich	Weiblich	Sächlich
он	она́	оно́
стол	кни́га	окно́
студе́нт	студе́нтка	письмо́

Э́то журна́л. Э́то газе́та. Э́то письмо́.

Где журна́л и газе́та? Они́ здесь. Где письмо́? Оно́ там.

Что э́то?

стол
стул
ру́чка
кни́га
ла́мпа
окно́
ва́за
ро́за
ка́рта
каранда́ш
доска́

Где (он, она́, оно́, они́)?

Кто э́то?

музыка́нт
гео́лог
капита́н
стюарде́сса
шофёр
студе́нтка
секрета́рь
преподава́тель
инжене́р

Уро́к 1

1

– Здра́вствуйте! Меня́ зову́т Михаи́л Ива́нович. Я преподава́тель.
– А меня́ зову́т Мари́на. Я стюарде́сса.
– О́чень прия́тно.

Übung 1

Antworten Sie und fragen Sie dann einen anderen Kursteilnehmer! Verwenden Sie die gelernten Berufsbezeichnungen!

– Здра́вствуйте! Меня́ зову́т Пётр Ве́рнер. Я преподава́тель. А кто вы?

(ты)	Здра́вствуй,	Пе́тя! Ли́за!
(вы)	Здра́вствуйте,	Ива́н Петро́вич! господи́н Шмидт!

Меня́ зову́т…	Ива́н Петро́вич Ни́на Серге́евна Пе́тя О́ля Кла́ус Шми́дт И́нгрид Бра́ун

2

– Познако́мьтесь, э́то Анто́н Па́влович. Он ру́сский. А э́то господи́н Шми́дт.
– О́чень прия́тно.

3

– Познако́мьтесь, э́то госпожа́ Шми́дт. Она́ не́мка. А э́то Та́ня Ивано́ва.
– О́чень прия́тно.

4

– Познако́мьтесь, э́то господи́н Ве́рнер.
– Вы не́мец?
– Да. А вы?
– Я ру́сская.

5

– Здра́вствуйте! Вы ру́сские?
– Да, мы ру́сские.
– Дава́йте познако́мимся.
– С удово́льствием.

Übung 2

Üben Sie in Zweiergruppen das Vorstellungsgespräch anhand des folgenden Beispiels!

– Дава́йте познако́мимся. Меня́ зову́т То́мас.
– А меня́ зову́т Ли́за.
– О́чень прия́тно.

Übung 3

Schreiben Sie Ihren Namen auf ein Kärtchen. Bilden Sie Gruppen zu drei Personen. Eine Person stellt dann die anderen beiden einander vor. Beispiel:

господи́н Ве́рнер: – Познако́мьтесь, господи́н Шми́дт. Э́то госпожа́ Франк.
господи́н Шмидт: – О́чень прия́тно.

+	**да**		Э́то Анто́н? **Да,** э́то Анто́н. Он студе́нт? **Да,** он студе́нт.
–	**нет**	**не**	Э́то Э́мма? **Нет**, э́то **не** Э́мма. Э́то Ни́на Серге́евна.

6

– Ты кто? Пе́тя?
– Нет, я Серёжа.

7

– Кто э́то?
– Э́то Бетхо́вен.
– Он ру́сский?
– Нет, он не́мец.

– Кто э́то?
– Э́то Чайко́вский.
– Он не́мец и́ли ру́сский?
– Он ру́сский.

Übung 4

Кто э́то? Он ру́сский и́ли не́мец? Она́ ру́сская и́ли не́мка? Он музыка́нт? Она́ студе́нтка?

Stellen Sie eine der hier bezeichneten Personen vor und nennen deren Beruf!
Achten Sie auf die bildliche Darstellung!
Stellen Sie nun anderen Kursteilnehmern Fragen zu den Personen!

Übung 5

Wählen Sie einen der folgenden Berufe aus: Lehrer, Musiker, Chauffeur, Sekretärin, Kapitän, Journalist, Geologe, Stewardeß, Ingenieur. Stellen Sie sich nun gegenseitig vor! Beispiel:

– Э́то госпожа́ Мю́ллер. Она́ музыка́нт.

8

я	**мы**
ты	**вы**
он, она́, оно́	**они́**

– Алло́, э́то Никола́й Петро́вич?
– Нет, э́то Пётр.
– Извини́те.
– Пожа́луйста.

Übung 6

Fragen Sie Ihren Kursnachbarn!

Кто э́то?

Что э́то?

Übung 7

Notieren Sie auf einem Zettel in deutscher Sprache vier Gegenstände und zwei Berufe, deren Bezeichnungen Ihnen im Russischen bereits bekannt sind. Tauschen Sie die Zettel untereinander aus und übersetzen Sie die Begriffe. Nennen Sie auch die entsprechenden Personalpronomen: он, она́, оно́.

Übung 8

Machen Sie zu dritt folgende Sprechübung! Beispiel:

1.:	2.:	3.:
– Э́то газе́та.	– Где она́?	– Она́ там.
– Э́то стол.	– Где он?	– Он здесь.
– Э́то окно́.	– Где оно́?	– Оно́ там.

1. Э́то стул. 2. Э́то студе́нтка. 3. Э́то музыка́нт. 4. Э́то письмо́. 5. Э́то преподава́тель. 6. Э́то журнали́стка. 7. Э́то гео́лог. 8. Э́то Ива́н Петро́вич. 9. Э́то Ни́на Петро́вна. 10. Э́то Ви́ктор и Ли́за. 11. Э́то ро́за. 12. Э́то стол и стул. 13. Э́то шофёр. 14. Э́то студе́нт. 15. Э́то газе́та и журна́л. 16. Э́то окно́.

Übung 9

Zeigen Sie auf Gegenstände oder Personen und fragen Sie einen anderen Kursteilnehmer! Beispiel:

– Э́то стол?	– Да, э́то стол.
– Э́то стул?	– Нет, э́то не стул. Э́то стол.

Russische Namen

Die russischen Namen bestehen aus drei Teilen: dem *Vornamen*, dem von dem Vornamen des Vaters abgeleiteten *Vatersnamen* und dem *Nachnamen.* (и́мя, о́тчество, фами́лия)
Diese drei Teile des Namens werden zusammen genannt, wenn sich einander unbekannte Personen das erste Mal vorstellen.
Mit dem Nachnamen wird eine Person nur in offiziellen Situationen angeredet, z. B. in einer Behörde.
Nach dem Kennenlernen verwendet man die höfliche, distanzierte *Anrede* in der Sie- Form mit dem Vornamen und dem Vatersnamen. (обраще́ние)
Freunde und Bekannte reden sich nur mit dem Vornamen an und können sich sowohl *duzen* als auch *siezen.* (друзья́ и знако́мые; быть на «ты»/ на «вы»)

Aus den Vornamen werden zahlreiche *Diminutivformen* (Verkleinerungsformen) gebildet. Dies ist eine sehr persönliche Art der Anrede.
Eine noch intimere, ja zärtliche Form der Anrede benutzen *Familienmitglieder* (besonders zu kleinen Kindern) oder sehr intime Freunde untereinander. Sie verwenden einen von diesen Diminutivformen abgeleiteten *Kosenamen* („verkleinerte Verkleinerungsform").
Alle diese Verkleinerungsformen werden nie mit dem Vatersnamen verbunden. Der Vatersname bedeutet immer eine gewisse Distanz, die eine Anrede mit einer Verkleinerungsform nicht erlaubt. Es heißt also immer nur Ива́н Петро́вич oder Ва́ня oder Ва́нечка.

уменьши́тельно-ласка́тельные фо́рмы

чле́ны семьи́

ласка́тельное и́мя

Vorname	Diminutivform	Kosename
Алекса́ндр	Са́ша	Са́шенька
Алексе́й	Алёша, Лёша	Лёшенька
Бори́с	Бо́ря	Бори́ска
Ви́ктор	Ви́тя	Ви́тенька
Влади́мир	Воло́дя, Во́ва	Во́вочка
Ива́н	Ва́ня	Ва́нечка, Ваню́ша
Леони́д	Лёша, Лёня	Лёшенька
Михаи́л	Ми́ша	Ми́шенька
Никола́й	Ко́ля	Ко́ленька
Пётр	Пе́тя	Пе́тенька
Фёдор	Фе́дя	Фе́денька
Ю́рий	Ю́ра	Ю́рочка
Алекса́ндра	Са́ша	Са́шенька
Ве́ра	—	Ве́рочка
Екатери́на	Ка́тя	Катю́ша, Ка́тенька
Еле́на	Ле́на, Алёна	Ле́ночка, Алёнушка
Зинаи́да	Зи́на	Зи́ночка
Ири́на	И́ра	Ири́ночка, И́рочка
Любо́вь	Лю́ба	Лю́бочка
Людми́ла	Лю́да, Лю́ся	Лю́дочка
Мари́на	—	Мари́ночка
Мари́я	Ма́ша, Мару́ся	Ма́шенька
Наде́жда	На́дя	На́денька, Надю́ша
Ната́лия, Ната́лья	Ната́ша	Ната́шенька
О́льга	О́ля	О́ленька, О́лечка
Татья́на	Та́ня	Таню́ша

Уро́к 2

Семья́

1

– Э́рика, что ты де́лаешь?
– Я пишу́ письмо́.

– Пе́тя и Ми́ша, что вы де́лаете?
– Мы смо́трим телеви́зор.

– Ка́тя, что ты де́лаешь?
– Я рису́ю ро́зу.

– Госпожа́ Ве́рнер, что вы де́лаете?
– Я отдыха́ю.

чита́**ть**			
я	чита́**ю**	мы	чита́**ем**
ты	чита́**ешь**	вы	чита́**ете**
он/она́	чита́**ет**	они́	чита́**ют**

писа́ть → я пишу́, ты пи́шешь…
они́ пи́шут

Betonung! **с → ш**

говори́**ть**			
я	говор**ю́**	мы	говор**и́м**
ты	говор**и́шь**	вы	говор**и́те**
он/она́	говор**и́т**	они́	говор**я́т**

люби́ть → я люблю́, ты лю́бишь…
они́ лю́бят

Betonung! **б + л**

2

– Что они́ дéлают?
– Они́ читáют кни́гу.

– Пéтя лю́бит рисовáть?
– Нет, он не лю́бит рисовáть.

любúть + Infinitiv	etwas gerne tun, mögen

Он лю́бит смотрéть телеви́зор. Er sieht gerne fern.

Что э́то?		**Что рисýет Ли́за?**	
Э́то	стол. мóре. вáз**а.**	Онá рисýет	стол. мóре. вáз**у.**

3

Госпожá Вéрнер секретáрь. Онá пи́шет по-немéцки.

– Как онá пи́шет по-немéцки?
– Хорошó.

– А как онá пи́шет по-рýсски?
– Плóхо.

4

– Здесь говоря́т по-ру́сски?
– Да, что вам уго́дно?

Übung 1

Beantworten Sie die Fragen bejahend oder verneinend!

– Господи́н Ве́рнер хорошо́ говори́т по-ру́сски?
– Да, хорошо́.
– Нет, пло́хо.

– Госпожа́ Ве́рнер хорошо́ чита́ет по-ру́сски?
– Ка́тя и Ли́за хорошо́ говоря́т по-неме́цки?
– Ви́ктор и Ли́за хорошо́ рису́ют?

Ли́за, Ка́тя, Ви́ктор и Пе́тя рису́ют

– Что вы де́лаете?
– Мы рису́ем.
– Ли́за, что ты рису́ешь?
– Мо́ре и не́бо.
– А ты, Ка́тя?
– Я рису́ю ро́зу.
– Ви́ктор, ты хорошо́ рису́ешь. Кто э́то?
– Э́то ты, э́то ма́ма, а э́то Ка́тя.
– А где О́ля?
– Она́ здесь.
– Пе́тя, ты то́же рису́ешь?
– Нет, я не рису́ю. Я не люблю́ рисова́ть. Я отдыха́ю.

Übung 2

Beantworten Sie die Fragen!

– Что де́лает Ли́за?
– Что де́лают Ка́тя и Ви́ктор?
– А Пе́тя то́же рису́ет?
– Что Пе́тя де́лает?
– Пе́тя лю́бит рисова́ть?
– Кто рису́ет, а кто отдыха́ет?
– Что рису́ет Ли́за?
– Что рису́ет Ка́тя?
– Вы то́же лю́бите рисова́ть?
– Что вы лю́бите рисова́ть?

Übung 3

Fragen Sie Ihren Kursnachbarn!

a) – Что ты де́лаешь? – Я рису́ю.
(смотре́ть телеви́зор, писа́ть, отдыха́ть, чита́ть)

b) – Вы смо́трите телеви́зор? – Да, я смотрю́ телеви́зор.
– Нет, я чита́ю.
(рисова́ть – отдыха́ть, писа́ть – чита́ть, говори́ть по-ру́сски – чита́ть по-ру́сски)

c) – Ты лю́бишь рисовать? – Да, я люблю́ рисова́ть.
– Нет, я не люблю́ рисова́ть.
(люби́ть чита́ть, люби́ть смотре́ть телеви́зор, люби́ть говори́ть по-ру́сски)

Что де́лает семья́ Ве́рнер?

Э́то господи́н Ве́рнер и госпожа́ Ве́рнер. Они́ муж и жена́. Она́ секрета́рь, а он преподава́тель. Они́ говоря́т по-неме́цки. Господи́н Ве́рнер хорошо́ говори́т по-ру́сски. Он хорошо́ пи́шет и чита́ет. Сейча́с господи́н Ве́рнер чита́ет газе́ту, а госпожа́ Ве́рнер смо́трит телеви́зор. Э́рика и То́мас – брат и сестра́. Они́ рису́ют. Ба́бушка и де́душка то́же здесь. Де́душка пи́шет письмо́, а ба́бушка отдыха́ет.

Übung 4

Beantworten Sie die Fragen!

– Кто господи́н Ве́рнер и госпожа́ Ве́рнер?
– Как они́ говоря́т по-неме́цки?
– Как госпожа́ Ве́рнер говори́т по-ру́сски?
– Что госпожа́ Ве́рнер де́лает хорошо́?
– Что господи́н и госпожа́ Ве́рнер де́лают сейча́с?
– Кто Э́рика и То́мас?
– Брат и сестра́ то́же смо́трят телеви́зор? А что они́ де́лают?
– Где де́душка и ба́бушка?
– Что де́лает ба́бушка?
– А что де́лает де́душка?

Семья́

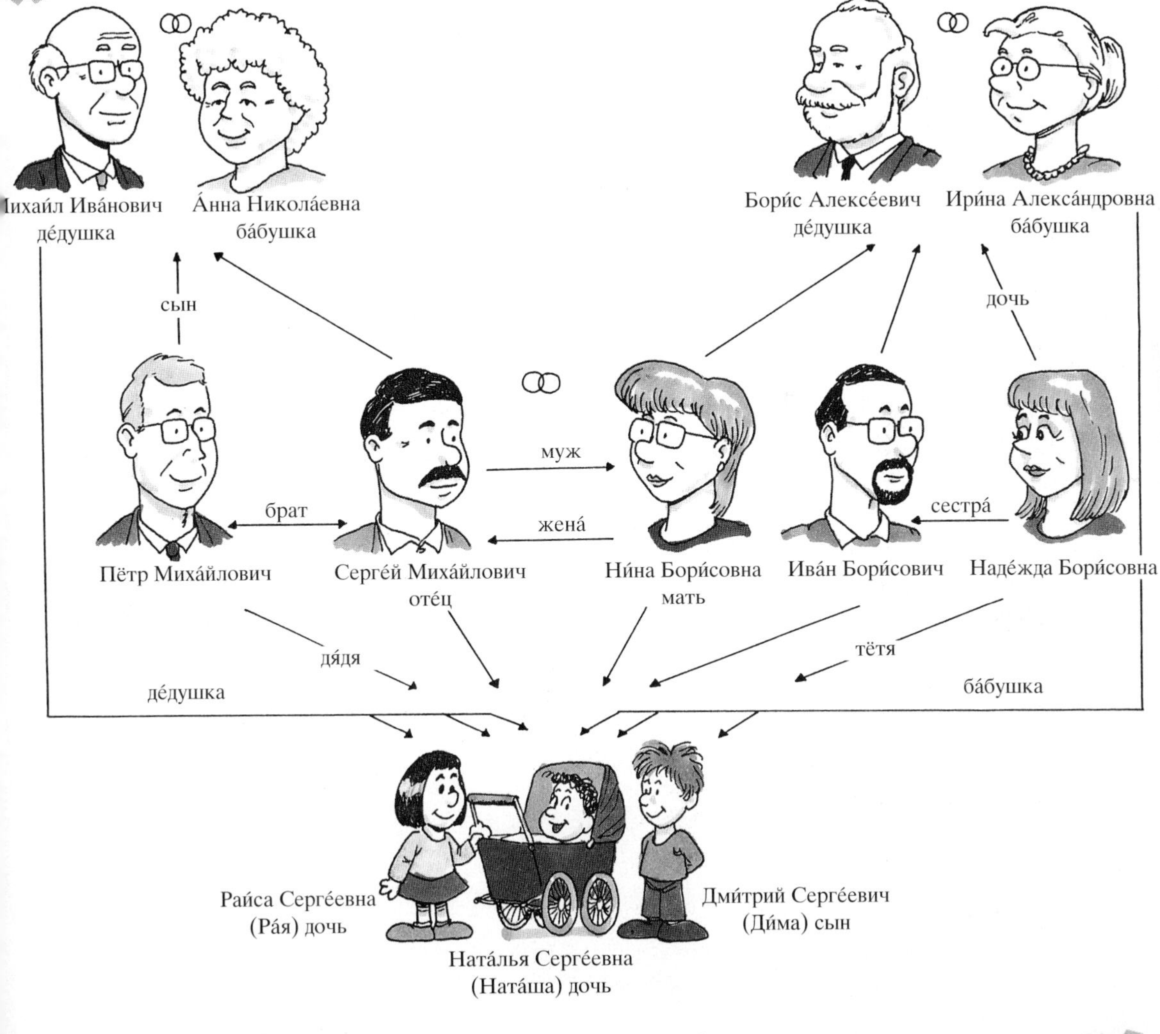

Übung 5

Überlegen Sie gemeinsam!

Welchen Vatersnamen haben die Kinder von **Пётр Миха́йлович?**
Welchen Vatersnamen werden Töchter und Söhne von **Дми́трий Серге́евич** haben?

Übung 6

Fragen Sie, was die in der linken Reihe genannten Personen tun!
Antworten Sie, indem Sie den Personen die Tätigkeiten aus der rechten Reihe zuordnen!

Beispiel:
Ива́н Петро́вич – чита́ть

– Что де́лает Ива́н Петро́вич?
– Ива́н Петро́вич чита́ет.

Михаи́л Ива́нович
А́нна Влади́мировна
Ната́лья
Ди́ма
де́душка
ба́бушка
внук и вну́чка
дя́дя
тётя
брат и сестра́
я
мы
они́
преподава́тель
секрета́рь

отдыха́ть
рисова́ть
чита́ть
говори́ть по-неме́цки/по-ру́сски
писа́ть по-неме́цки/по-ру́сски
смотре́ть телеви́зор
писа́ть письмо́

Übung 7

Erzählen Sie weiter! Verwenden Sie untenstehende Vokabeln!

Э́то семья́. Ива́н Петро́вич ...

ба́бушка, де́душка, мать, оте́ц, дочь, сын
чита́ть, писа́ть, смотре́ть, рисова́ть
журна́л, кни́га, письмо́, телеви́зор, мо́ре, ро́за

Übung 8

Lesen Sie sich die Musterfragen und -antworten zu der Abbildung aufmerksam durch und machen Sie dann in Ihrer Gruppe ein ähnliches Frage- und Antwortspiel!

– Что э́то?	– Э́то университе́т.
– Кто э́то?	– Э́то преподава́тель, студе́нт и студе́нтка.
– Что они́ де́лают?	– Они́ говоря́т по-неме́цки и по-ру́сски.
– Как они́ говоря́т по-ру́сски?	– Преподава́тель и студе́нтка хорошо́ говоря́т по-ру́сски.
– А студе́нт то́же хорошо́ говори́т по-ру́сски?	– Нет, он пло́хо говори́т по-ру́сски. Хорошо́ он говори́т по-неме́цки.
– Студе́нтка лю́бит говори́ть по-ру́сски?	– Да.
– А преподава́тель?	– То́же.

Пи́шет как ку́рица ла́пой

ЛК

Russisches Familienleben

Anders als bei deutschen Familien heutzutage bleiben junge *Erwachsene* in Rußland meist länger bei der Familie wohnen. Die *Wohnverhältnisse* lassen es oft nicht zu, eine eigene kleine Wohnung zu finden. Häufig wohnen sogar mehrere Familien gemeinsam in einer Wohnung.

взро́слые
жили́щные усло́вия

Noch öfter kommt es vor, daß junge *Ehepaare* jahrelang mit ihren *Eltern* in einer Wohnung zusammenleben, auch wenn sie selbst schon *Kinder* haben!

супру́ги
роди́тели
де́ти

Neben einem gewiß sehr schönen Zusammengehörigkeitsgefühl bringt diese Situation natürlich auch viele Probleme mit sich.

Aber die Menschen heiraten weiterhin, in letzter Zeit häufiger als früher auch wieder in der *Kirche*. Es kommt aber vor, daß man auf eine kirchliche Heirat verzichtet, weil sich nach den vielen Zerstörungen und Zweckentfremdungen keine Kirche mehr in der Nähe des Wohnortes befindet oder noch nicht wieder „funktioniert".

це́рковь

Was die *Feierlichkeiten* betrifft, so findet man vor allem auf dem *Land* noch viele traditionelle Elemente. Auch in Rußland gibt es die *Verlobung*, die jedoch keinerlei rechtliche Verpflichtung nach sich zieht.

торжества́
дере́вня
помо́лвка

Einen Polterabend in der Art wie in Deutschland gibt es nicht. Den Abschied vom *Junggesellendasein* feiern *Braut* und *Bräutigam* getrennt: die Braut verbringt mit ihren Freundinnen einen letzten *„Mädchenabend"*, der Bräutigam sitzt mit seinen Freunden zu einem letzten *Junggesellenschmaus* zusammen – jeweils bei sich zu Hause. Dies sind eher ruhige und besinnliche Abschiede von der *Jugendzeit*.

холостя́цкая жизнь
неве́ста жени́х
деви́чник
мальчи́шник
мо́лодость/го́ды ю́ности

Die *Hochzeit* selbst wird dann im allgemeinen etwas lauter gefeiert. Eine solche Feier dauert fast immer zwei Tage, vom Mittag des ersten bis zum Nachmittag des zweiten Tages – mit den gleichen *Gästen* wohlgemerkt!

сва́дьба
го́сти

Урóк 3

Дом – квартúра

Уро́к 3

1

– Извини́те, вы не зна́ете, чей э́то дом?
– Э́то мой дом.

2

– Познако́мьтесь, э́то мой оте́ц и моя́ мать.

3

– Э́то твой стол?
– Да, э́то мой стол.
– А здесь живёт твоя́ сестра́?
– Да, э́то её ко́мната.

4

– Э́то ва́ша кварти́ра, а э́то на́ша кварти́ра.

Чей э́то дом?	**Чья** э́то кварти́ра?	**Чьё** э́то кре́сло?
Э́то мой дом. твой его́, её наш ваш их	Э́то моя́ кварти́ра. твоя́ его́, её на́ша ва́ша их	Э́то моё кре́сло. твоё его́, её на́ше ва́ше их

Übung 1

Stellen Sie sich untereinander Fragen in der Art der angeführten Beispiele! Verwenden Sie die Begriffe aus der nachfolgenden Liste!

Beispiele:

a) квартúра – Чья э́то квартúра?
– Э́то моя́ квартúра.

b) квартúра – Э́то твоя́ квартúра?
– Нет, э́то не моя́ квартúра. Э́то его́ (её) квартúра.

письмó, крéсло, стол, дом, отéц, сестрá, лáмпа, журнáл, газéта, брат, кнúга, вáза, преподавáтель, телевúзор, муж, женá, бáбушка, дéдушка, внук, внýчка, тётя, дя́дя

5

– Дóбрый день, Михаúл Ивáнович.
– Дóбрый день, Ирúна Петрóвна.
– Как поживáете ?
– Спасúбо, хорошó.
– А где вáша женá ?
– Онá сейчáс в Гáмбурге.

в дóме

дóма

что?	где?
университéт	в университéте
Петербýрг	в Петербýрге
дом	в дóме/ дóма
квартúра	в квартúре
Москвá	в Москвé
кýхня	в кýхне/ на кýхне
письмó	в письмé
крéсло	в крéсле

6

– Кто э́то?
– Э́то мáма.
– Где мáма?
– Онá в кóмнате.

– Кто э́то?
– Э́то наш сосéд.
– Где он?
– Он на рабóте.

Кто где?

в университéте
в дóме
в квартúре
в кóмнате
в пáрке
в кýхне/ на кýхне

– Э́то Анто́н?
– Да, э́то мой брат Анто́н.
– Где он живёт?
– Он живёт в Москве́.

– Что э́то?
– Э́то журна́л.
– Где журна́л?
– Он на столе́.

– Что э́то?
– Э́то альбо́м.
– Где альбо́м?
– Альбо́м на по́лке.

Что где?

в ва́зе
в кни́ге
в письме́
на столе́
на по́лке
на полу́

7

– Вы не зна́ете, где дом № 1?
– Зна́ю. Вот он.
– Здесь живёт Ива́н Петро́вич Кузнецо́в?
– Да, здесь.

8

– Алло́, э́то Ни́на Петро́вна?
– Нет, э́то Ли́за, её дочь.
– А где Ни́на Петро́вна?
– Она́ на рабо́те.

– Здра́вствуй, Ни́на! Э́то Анто́н.
– Анто́н? Где ты?
– Я сейча́с в Москве́. Что ты де́лаешь, Ни́на?
– Я чита́ю письмо́.
– Чьё письмо́?
– Твоё.

9

– Э́то ва́ша семья́?
– Да, э́то моя́ семья́. Вот жена́. А э́то сын Ви́ктор и дочь Ли́за.
– А э́то?
– Э́то мой брат. Он гео́лог и живёт в Москве́.

Übung 2

Fragen und antworten Sie!

Beispiel:
– Вы не зна́ете, где мой де́душка? (дом)
– Твой де́душка до́ма.

1. Вы не зна́ете, где моя́ ба́бушка? (ко́мната)
2. Вы не зна́ете, где мой журна́л? (стол)
3. Вы не зна́ете, где его́ брат? (университе́т)
4. Ты не зна́ешь, где соба́ка? (пол)
5. Ты не зна́ешь, где твой па́па? (рабо́та)
6. Вы не зна́ете, где живёт О́льга? (дом № 1)
7. Ты не зна́ешь, где наш сосе́д? (дом)
8. Ты не зна́ешь, где мой альбо́м? (по́лка)
9. Ты не зна́ешь, где сейча́с па́па? (ку́хня)
10. Вы не зна́ете, где живу́т Ви́ктор и Ли́за? (Петербу́рг)

жить			
я	живу́	мы	живём
ты	живёшь	вы	живёте
он/она́	живёт	они́	живу́т

Übung 3

Fragen Sie andere Kursteilnehmer, wo sie und ihre Verwandten wohnen!

Übung 4

Führen Sie kurze Dialoge!

Fragen Sie einen der Kursteilnehmer,
...wo er wohnt!
...wo er arbeitet!
...wo jetzt sein Bruder ist!
...was er jetzt macht!
...ob er weiß, wo das Haus Nr.1 ist!

Nehmen Sie ein Buch in die Hand und fragen Sie einen der Teilnehmer, wessen Buch das ist!

Stellen Sie Ihre Tochter und Ihren Sohn Ihrem neuen Bekannten vor!

Кузнецо́вы до́ма

Э́то дом № 1 кварти́ра № 2 в Петербу́рге. Здесь живу́т Ива́н Петро́вич Кузнецо́в, Ни́на Петро́вна Кузнецо́ва, их сын Ви́ктор и дочь Ли́за. Оте́ц и мать сейча́с на ку́хне. Они́ разгова́ривают. А где Ви́ктор и Ли́за и что они́ де́лают? Они́ в ко́мнате. Ви́ктор сиди́т в кре́сле и смо́трит альбо́м. Ли́за отдыха́ет на дива́не. Соба́ка лежи́т на полу́.

– Ви́ктор, ты не зна́ешь, где моя́ кни́га?
– Твоя́ кни́га лежи́т на столе́ и́ли на по́лке. Смотри́, Ли́за! Вот наш сосе́д Михаи́л Ива́нович Попо́в на рабо́те. Он преподава́тель и рабо́тает в университе́те. А э́то де́душка и ба́бушка отдыха́ют на мо́ре.
– А где сего́дня де́душка и ба́бушка? Они́ до́ма?
– Нет, они́ гуля́ют в па́рке.

Übung 5

Lesen Sie den Text. Finden Sie zu diesem Text möglichst viele Antworten auf die Fragen Кто где? Что где*?!*

Übung 6

Beantworten Sie in Zweiergruppen die Fragen, indem Sie die passenden Antworten in der rechten Spalte suchen!

– Где рабóтает Ивáн Петрóвич?
– Где рабóтает твой отéц?
– Где живёт твой преподавáтель?
– Где сейчáс Нúна Петрóвна?
– Где отдыхáют дéдушка и бáбушка?
– Где лежúт кнúга?
– Где лю́бит сидéть Вúктор?
– Вы тóже живёте в Гáмбурге?

– В Гáмбурге.
– В крéсле.
– Онá на кýхне.
– На мóре.
– Нет, я живý в Ганнóвере.
– В Петербýрге.
– В университéте.
– Онá лежúт на пóлке.

Übung 7

Geben Sie passende Antworten!

– Извинúте, вы не знáете, где дом № 1?
– Извинúте, вы не знáете, где квартúра № 2?
– Извинúте, вы не знáете, кто здесь живёт?
– Извинúте, вы не знáете, чья э́то кнúга?
– Извинúте, где отдыхáют ваш дéдушка и вáша бáбушка?

Übung 8

Beschreiben Sie die Abbildungen, indem Sie die Fragen beantworten!

Кто э́то?
Что он дéлает?
Что он читáет?
Он хорошó читáет по-рýсски?
Он лю́бит читáть?
Где он рабóтает?

Э́то егó женá?
А где онá рабóтает?
Что госпожá Вéрнер пúшет?
Где живýт господúн Вéрнер и госпожá Вéрнер?
Сейчáс онú отдыхáют?

Кварти́ра

гости́ная, спа́льня, ку́хня, ва́нная и туале́т, коридо́р, балко́н

Übung 9

Machen Sie eine Zeichnung Ihrer Wohnung und tragen Sie die Bezeichnungen der einzelnen Räume ein. Erzählen Sie über Ihre Wohnung. Verwenden Sie dabei die aufgeführten Vokabeln!

жить, мой дом, моя́ кварти́ра, моя́ семья́, здесь, там

Вот где соба́ка зары́та

Wohnen in Rußland

In der russischen *Stadt* ist das *mehrstöckige Wohnhaus* mit vielen verschiedenen *Eingängen* (oft bis zu zehn) am stärksten verbreitet.

го́род многоэта́жный жило́й дом подъе́зды

Will man jemanden besuchen oder einen Brief schreiben, reicht es deshalb nicht, nur die *Hausnummer* zu kennen! Man muß unbedingt die *Wohnungsnummer* wissen, bzw. auf die *Adresse* schreiben. Das ist umso wichtiger, als auf russischen *Briefkästen* in der Regel keine *Familiennamen* zu finden sind, sondern nur die Wohnungsnummer.

но́мер до́ма
но́мер кварти́ры
а́дрес
я́щики для пи́сем
фами́лии

Auf dem *Land* findet man auch heute noch das für Rußland typische ganz *aus Holz gebaute Bauernhaus* des 17./ 18. Jahrhunderts. Die Etymologie (Herkunft) des russischen Wortes „isba"= „Hütte" geht zurück auf eine Bezeichnung für einen „beheizten Raum". Tatsächlich bestanden diese Hütten früher nur aus einem großen *Zimmer*, dessen Mittelpunkt der bekannte russische *Ofen* bildete. Dann gab es noch die sogenannte *rote Ecke*, in der die *Ikonen* aufgehängt wurden und in der ein schöner Tisch mit gestickten Decken stand. Erst später bekamen diese Häuser eine Trennwand.

дере́вня
деревя́нная изба́
ко́мната
печь
кра́сный у́гол ико́ны

Charakteristische Merkmale der Außenansicht sind die mit *Schnitzereien* verzierten *Fensterläden* sowie der hölzerne *Vorbau*, der auch reich mit Schnitzwerk versehen wurde.

резна́я рабо́та ста́вни
крыльцо́

Man versucht natürlich, diese schönen Häuser zu *restaurieren*. Neben den Holzbauten werden heute auch auf dem Land *Häuser aus Ziegeln* gebaut.

реставри́ровать
кирпи́чные дома́

Um die Häuser herum findet man als Einfriedung einen hohen, meist undurchsichtigen *Zaun* mit einem großen *Tor*.

забо́р
воро́та

Уро́к 4

Мы за́втракаем, обе́даем, у́жинаем

1

У́тро

У́тром Бори́с Никола́евич и его́ дочь Ка́тя вме́сте за́втракают. На за́втрак они́ обы́чно едя́т бутербро́ды и пьют чай и́ли молоко́.

– Ка́тя, почему́ ты не ешь колбасу́?
– Колбасу́ я не люблю́. Я люблю́ то́лько сыр.
– А бу́лочку хо́чешь?
– Нет, спаси́бо. Я сыта́.

есть			
я	ем	мы	еди́м
ты	ешь	вы	еди́те
он/она́	ест	они́	едя́т

2

День

Днём Ни́на Петро́вна и её де́ти ча́сто обе́дают до́ма.

До обе́да
До обе́да Ни́на Петро́вна идёт на ры́нок.

– Извини́те, пожа́луйста, где здесь ры́нок?
– Ры́нок? В це́нтре го́рода. Это недалеко́. Я то́же иду́ на ры́нок.

Уро́к 4

3

На ры́нке:

– Здра́вствуйте, Ни́на Петро́вна!
– Зи́ночка, э́то ты? Здра́вствуй! Ну, как дела́?
– Да так, понемно́жку. Вы то́же всегда́ покупа́ете о́вощи и фру́кты на ры́нке?
– Не всегда́, но ча́сто.

– Что вы жела́ете?
– Мину́точку. Где моя́ запи́ска? Ах, вот она́.

4

Ни́на Петро́вна гото́вит обе́д.

– Ма́ма, когда́ мы обе́даем?
– В час. Обе́д гото́в и Ка́тя уже́ здесь. А ты хо́чешь есть?
– Да, о́чень. Ой, как вку́сно па́хнет. Что э́то? Борщ?
– Да, так вку́сно па́хнет то́лько борщ.
– А почему́?
– Потому́ что в борще́ ра́зные о́вощи.

хоте́ть + Infinitiv	Ты хо́чешь есть.

хоте́ть			
я	хочу́	мы	хоти́м
ты	хо́чешь	вы	хоти́те
он/она́	хо́чет	они́	хотя́т

5

По́сле обе́да

Э́то – Андре́й, брат Ка́ти. Андре́й – студе́нт университе́та. По́сле обе́да он обы́чно идёт в библиоте́ку и́ли спеши́т домо́й.

– Приве́т, Оле́г.
– Приве́т.
– Ты идёшь в рестора́н?
– Да, в рестора́н "Кали́нка".
– Я то́же иногда́ там у́жинаю. Там вку́сно гото́вят.
– Ты то́же идёшь в "Кали́нку"?
– Нет, я спешу́ домо́й. Сего́дня на́ша семья́ у́жинает до́ма. А ты ча́сто хо́дишь в рестора́н?
– Нет, ре́дко. Я ча́сто у́жинаю в кафе́.

– А вот и я, Ка́тя. Что ты гото́вишь на у́жин?
– Блины́.
– Э́то тру́дно?
– Нет, не о́чень. Я беру́ молоко́, яйцо́, муку́, ма́сло, соль, са́хар и де́лаю те́сто. Хо́чешь оди́н блин?
– Да, спаси́бо.... О́чень вку́сно.

Урóк 4

Пéрвый блин кóмом

Übung 1

Viktor hat sich das Rezept für Bliny aufgeschrieben. Welche Zutaten hat er vergessen?

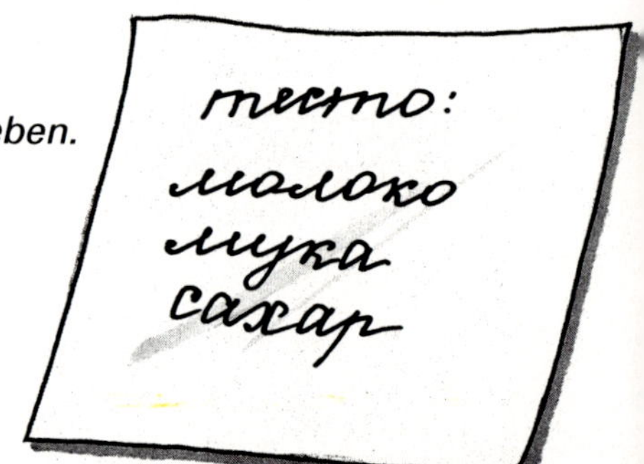

Übung 2

Worüber unterhalten sich diese Personen? Bilden Sie Dialoge in der folgenden Art:

– Извинúте, вы не знáете, где здесь теáтр?
– Теáтр? В цéнтре гóрода.
– Э́то далекó?
– Нет, недалекó. Я тóже идý в теáтр.

6

Вéчер

Вéчером Гончарóвы чáсто дóма и ýжинают вмéсте.

– Что ты дéлаешь, Нúна?
– Накрывáю на стол. Ýжин ужé готóв.
– Прекрáсно! Так, тарéлки и стакáны на столé. Вúлки, ножú и лóжки тóже здесь. А где салфéтки?
– Ах да, салфéтки. Онú в сервáнте.

когдá?	ýтром	
	днём	до обéда пóсле обéда
	вéчером	

Übung 3

Beantworten Sie die folgenden Fragen.
Benutzen Sie die Adverbien ýтром, днём, вéчером.

Когдá мы зáвтракаем?
Когдá мы обéдаем?
Когдá мы ýжинаем?

Когдá вы отдыхáете?
Когдá вы смóтрите телевúзор?
Когдá вы рабóтаете?

Übung 4

a) Fragen Sie Ihren Kursnachbarn,

...wo er frühstückt!
...wo er zu Mittag ißt!
...wo er zu Abend ißt!
...wo seine Schwester (sein Bruder) zu Mittag ißt!
...wo seine Familie zu Abend ißt!

Verwenden Sie in den Antworten folgende Vokabeln: в ресторáне, в кафé, дóма.

b) Erzählen Sie Ihrem Kursnachbarn,

...ob Sie oft das Frühstück/ Mittagessen/ Abendessen zubereiten!
...was Sie üblicherweise zum Frühstück essen und trinken!
...ob Sie Obst und Gemüse im Geschäft oder auf dem Markt kaufen!

Übung 5

Lesen Sie den Dialog! Führen Sie zu zweit ähnliche Dialoge wie im Beispiel! Verwenden Sie dabei die angegebenen Vokabeln.

– Что ты обы́чно де́лаешь до обе́да? – Я иду́ на ры́нок. А ты?

у́тром, днём, по́сле обе́да, ве́чером

спеши́ть в университе́т, идти́ в библиоте́ку, идти́ в кафе́, на рабо́те, до́ма, гото́вить обе́д, отдыха́ть, рисова́ть и́ли слу́шать му́зыку, смотре́ть телеви́зор

стол – столы́	ро́за – ро́зы	окно́ – о́кна	ве́чер – вечера́
гость – го́сти	ви́лка– ви́лки	письмо́ – пи́сьма	брат – бра́тья
нож – ножи́	ку́хня – ку́хни	мо́ре – моря́	дочь – до́чери

Übung 6

a) Schauen Sie in den Korb, und sagen Sie den anderen Kursteilnehmern, was Nina Petrowna eingekauft hat.

b) Auf dem Tisch steht alles, was Katja zum Frühstück eingekauft hat. Wie heißen diese Lebensmittel?

Übung 7

Sie erwarten morgen einen Gast und wollen daher Lebensmittel einkaufen. Überlegen Sie, was und wo Sie einkaufen werden.
Schreiben Sie Einkaufszettel, und tauschen Sie sie untereinander aus! Lesen Sie den Zettel, den Sie bekommen haben, vor!

7

– Ни́на, чьи э́то кни́ги?
– Ка́ти.
– А альбо́м чей?
– То́же её. Э́то пода́рок. Она́ за́втра идёт в го́сти.

Чей э́то стол?	А́нн**ы**.
Чья э́то кни́га?	Ка́т**и**.
Чьё э́то письмо́?	Бори́с**а**.
Чьи э́то кни́ги?	Ко́л**и**.

Übung 8

Bilden Sie weitere Dialoge!

– Чьё э́то пи́во?
– А́нны.

лимона́д – Пётр, вино́ – О́льга, таре́лка – Ка́тя, ло́жка – Ви́ктор, ви́лка – Ма́ша, нож – Фёдор, стака́н – Никола́й, ча́шка – Ири́на, блины́ – И́горь, борщ – Гали́на, ко́фе – Светла́на, гость – Оле́г, альбо́м – Ве́ра, кни́ги – Ива́н, пода́рок – На́дя, ро́зы – Ни́на, стул – Гали́на

8

– Э́то вы, Ни́на Петро́вна? Куда́ вы так спеши́те?
– Домо́й. Мы сего́дня ожида́ем го́стя из Га́мбурга.
– Отку́да?
– Из Га́мбурга.

Уро́к 4

Ли́за рису́ет мо́ре.	Мы ожида́ем го́ст**я**.
Ви́ктор чита́ет журна́л.	Мы ожида́ем господи́н**а** Ве́рнер**а**.
Ни́на покупа́ет кни́г**у**.	Мы ожида́ем госпож**у́** Гончаро́в**у**.

отку́да?

из Москв**ы́**
из Я́лт**ы**
из Га́мбург**а**
из Берли́н**а**

Übung 9

Führen Sie weitere Dialoge!

– Я сего́дня ожида́ю го́стя из Москвы́.
– Я то́же сего́дня ве́чером ожида́ю го́стя. Но мой гость из Мю́нхена.

Екатеринбу́рг – Дре́зден, Во́логда – Э́рфурт, Но́вгород – А́хен, Уфа́ – Пари́ж, Ту́ла – Бре́мен, Оренбу́рг – Пра́га, Воркута́ – Ло́ндон, Волгогра́д – Лю́бек

Гончаро́вы ожида́ют го́стя

Сего́дня Гончаро́вы до́ма. По́сле обе́да они́ ожида́ют го́стя из Га́мбурга. Роди́тели и де́ти гото́вят обе́д. Бори́с Никола́евич ре́жет мя́со. Его́ жена́ Ни́на Петро́вна де́лает те́сто. Андре́й и Ка́тя – сын и дочь Бори́са Никола́евича и Ни́ны Петро́вны – мо́ют о́вощи и фру́кты.

– Ка́тя, – говори́т Ни́на Петро́вна, – уже́ пора́ накрыва́ть на стол.
– Хорошо́, ма́ма, я уже́ начина́ю. А где ска́терть?
– В серва́нте, и там же, как ты зна́ешь, стака́ны, таре́лки, ча́шки. Бори́с, а где напи́тки?
– Пи́во и лимона́д в холоди́льнике, а вино́ вот, на столе́.
– Па́па, как ты ду́маешь, наш гость лю́бит му́зыку Мо́царта? – спра́шивает Андре́й отца́.
– Ду́маю, что да. Мно́гие не́мцы лю́бят Мо́царта.
– А по-ру́сски господи́н Шмидт говори́т?
– Он говори́т по-англи́йски, – отвеча́ет Ка́тя.
– По-ру́сски он не говори́т. Он понима́ет, но пло́хо. Андре́й, а как по-неме́цки “Добро́ пожа́ловать!”?
– „Herzlich willkommen!“
– А “Прия́тного аппети́та”?
– „Guten Appetit“.
– Андре́й – студе́нт университе́та. Он хорошо́ говори́т по-неме́цки.

А вот и гость – господи́н Шмидт.

– Здрáвствуйте, – говори́т гость из Гáмбурга.
– Добрó пожáловать! Вы говори́те по-рýсски?
– Немнóго. Я хорошó знáю “Здрáвствуйте!” и “На здорóвье!”.
– Проходи́те пожáлуйста! Обéд ужé на столé.

Ни́на Петрóвна, Кáтя и Андрéй тóже привéтствуют гóстя. Гончарóвы и их гость господи́н Шмидт садя́тся за стол, едя́т и бесéдуют.

Übung 10

a) *Stellen Sie Fragen zum Text! Bilden Sie Fragesätze mit Fragewörtern* (кто? что? где? откýда? как?) *und ohne Fragewörter.*

b) *Erzählen Sie!*

– Was machen die einzelnen Familienmitglieder?
– Welche Teile des Geschirrs werden im Text erwähnt?
– Warum spricht Andrej gut Deutsch?
– Wann wird der Gast erwartet?

c) *Wie sagt man im Russischen?*

– Herzlich willkommen!
– Treten Sie ein!
– Das Essen ist schon fertig.
– Zum Wohl!
– Sehr lecker!

Übung 11

Sie übernehmen die Rolle des russischen Gastgebers und Dolmetschers. Die übrigen Kursteilnehmer sind Gäste. Sie möchten den Gästen sagen, wie die einzelnen Besteckteile, Teller, Servietten und die Tischdecke auf russisch heißen. Jeder Gast bittet um die Übersetzung eines Wortes:

Beispiel: Как по-рýсски „Messer“? – нож

Übung 12

Nennen Sie ein Substantiv. Ihr Nachbar bildet die entsprechende Pluralform dazu und nennt danach ein neues Wort. Wählen Sie Substantive, die Sie in dieser Lektion neu gelernt haben, und solche, die Sie bereits kennen. Denken Sie dabei an diese Themen: Geschirr, Möbel, Wohnung, Familienmitglieder.

Übung 13

Ordnen Sie die deutschen Antworten zu, und übersetzen Sie sie!

– Ты хóчешь есть?	
– …	Nein, selten.
– Почемý ты не ешь сыр?	
– …	Hallo.
– Бýлочку хотúте?	
– …	Es geht so.
– Привéт, Олéг.	
– …	Ja, sehr.
– Как делá?	
– …	Ich mag keinen Käse.
– Вы чáсто едúте в ресторáне?	
– …	Nein danke, ich bin satt.

Übung 14

Erzählen Sie weiter! Beziehen Sie dabei die Bilder ein.

Сегóдня Попóвы ожидáют гóстя. Родúтели и дéти готóвят обéд....

LK

Essen und Trinken in Rußland

Die russische Küche ist überaus vielfältig, da in ihr Spezialitäten vieler Volksgruppen vertreten sind.

Ein festliches Essen beginnt in Rußland stets mit *Sakuski* (kalten Vorspeisen), einer ganzen Reihe unterschiedlicher Salate, Sülzen, eingelegtem Fisch, *Kaviar*, Wurst, *Piroshki*, gefüllten Eiern, belegten Brötchen. Das Servieren der Sakuski vor dem Hauptgericht ist eine alte Tradition. Schon im 10. Jahrhundert hat man zu Beginn einer Mahlzeit kalte Gerichte serviert. Die russischen Hausfrauen entwickelten im Laufe der Zeit mit viel Phantasie immer neue Rezepte. Die Zahl der Sakuski wurde daher immer größer und ließ den Tisch schöner und dekorativer werden. Zu den Sakuski trinken die Gastgeber und ihre Gäste *Wodka* und andere starke Getränke. Ein alter Brauch ist auch der Empfang des Gastes mit Brot und Salz, die ihm auf einem bestickten Handtuch überreicht werden.

закýски
икрá
пирожкí
вóдка

Wird ein Gast aus dem Ausland erwartet, so bereitet die russische Familie als Hauptspeise meistens *Pelmeni* zu: Maultaschen aus Teig, gefüllt mit Fleisch, Zwiebeln und Gewürzen.

пельмéни

Die russische Küche ist reich an Suppen. Die bekanntesten darunter sind: *Borschtsch*, *Soljanka* (Fleisch- oder Fischsuppe mit Sauerkohl, Gurken und Gewürzen), *Ucha* (Fischsuppe) und *Schtschi* (Kohlsuppe). Zu den

борщ соля́нка
ухá щи

Suppen werden Roggenbrot und gefüllte *Piroggen* (eine Art Pastete) gegessen. Beliebt ist auch die kalte Suppe *Okroschka*, die im Sommer serviert wird: sie wird zubereitet aus *Kwaß* (einem alkoholfreien Getränk, das mit Bierhefe zubereitet wird und sehr gut den Durst löscht), Fleisch, Gurken, Kräutern und Gewürzen. Dazu werden saure Sahne und gehackte hartgekochte Eier gereicht.

пирóг
окрóшка
квас

Zu den bekanntesten Delikatessen der russischen Küche zählen auch die *Bliny*. Ursprünglich wurden sie als eine leichte Kost zur *Masleniza* (Fastnachtswoche) gebacken. Heute backt man diese Hefepfannkuchen das ganze Jahr über. Auf einem festlich gedeckten Tisch sieht man oft Bliny, die mit Quark, Marmelade, Honig, Früchten, aber auch mit Kaviar gefüllt sind.

блины́
мáсленица

Zu jeder Tageszeit trinkt man in Rußland *schwarzen Tee*. Die erste Tasse schwarzen chinesischen Tee trank die Zarenfamilie bereits im 17. Jahrhundert. Seitdem ist das Getränk für die Russen zu einer Art Nationalgetränk

чёрный чай

geworden. Am liebsten wird starker indischer Tee getrunken. In einer kleinen Keramikkanne wird ein kräftiger Extrakt angebrüht, der anschließend mit sprudelnd kochendem Wasser auf die gewünschte Stärke verdünnt wird. Das Wasser kommt meistens aus dem *Samowar*. Der klassische russische Samowar ist aus Kupfer und wird vorwiegend in der Stadt Tula hergestellt. Wenn man etwas Überflüssiges tut, trägt man daher in Rußland nicht etwa Eulen nach Athen, sondern fährt mit dem eigenen Samowar nach Tula!

самовáр

Rezept für Borschtsch
400 g Rinderbrust
400 g dicke Schweinerippe
5 Karotten, 2 mittelgroße rote Beten
1 Stange Lauch, 1/4 Sellerie
6 mittelgroße Kartoffeln
2 Zwiebeln, 1 Bund Dill,
1/2 Bund Petersilie

3 große reife Fleischtomaten
500 g Weißkraut
1 grüne Paprika
2 Lorbeerblätter
100 g geräucherter Bauchspeck
70 g Butter, 1/4 l saure Sahne
schwarzer Pfeffer, Salz, 3 TL Zucker

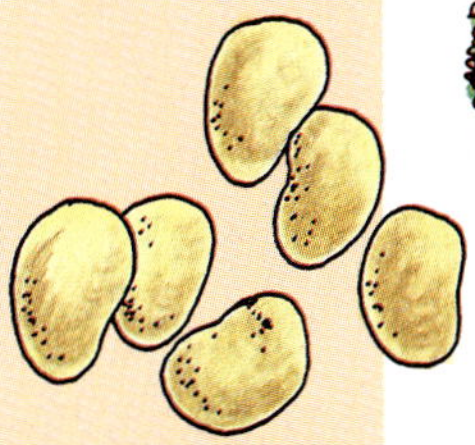

Aus Rind- und Schweinefleisch, Lauch, Sellerie, Lorbeerblättern, Salz und Pfeffer in 2,5 l Wasser eine kräftige Bouillon zubereiten und abseihen. Das Fleisch von den Knochen trennen und in mundgerechte Stücke schneiden.
Kartoffeln schälen, zerschneiden und in der Bouillon 5 Minuten kochen. Dann die roten Beten und die Karotten schälen, in Streifen schneiden und hinzufügen. Das Ganze weitere 5 Minuten kochen lassen. Danach gehobeltes Weißkraut und die in Streifen geschnittene Paprika hinzufügen und ca. 7 Minuten langsam kochen lassen.
Inzwischen in einer Pfanne die Butter erwärmen und darin die fein gehackten Zwiebeln goldbraun anbraten. Den in kleine Würfel geschnittenen Bauchspeck hinzufügen und nur kurz anbraten. Danach auch die enthäuteten und zerkleinerten Tomaten sowie 3 TL Zucker in die Pfanne geben und mit einem Deckel abdecken. Die Tomaten sollten bei leichter Hitze 5 Minuten lang schmoren. Jetzt den Inhalt der Pfanne und das gekochte Fleisch in den Topf mit der Suppe geben und die Mischung noch ein paar Minuten lang kochen. Zum Schluß bestreuen Sie die Suppe mit gehacktem Dill und Petersilie und mischen alles gut durch. Das fertige Gericht sollte ca. 2 Stunden ziehen. Jede Portion wird mit einem Eßlöffel saurer Sahne (oder auch mit Schlagsahne) serviert. Dazu reicht man Roggenbrot.

В Ту́лу со свои́м самова́ром не е́здят

Уро́к 5

Повторе́нье – мать уче́нья

1

– Слу́шаю.
– Ви́ктор, э́то ты? Здра́вствуй! Как твои́ дела́?
– Да так, понемно́жку.
– К сожале́нию, нет. Она́ в институ́те. А ве́чером она́ поёт в теа́тре.
– Как хорошо́!
– Всего́ хоро́шего, Ви́ктор.

– Здра́вствуйте, Тама́ра Ива́новна!
– Спаси́бо, хорошо́. А ва́ши?

– Скажи́те, Ири́на до́ма?
– Я то́же иду́ ве́чером в теа́тр.

– До свида́ния, Тама́ра Ива́новна.

2

– Алло́, Ни́на Фёдоровна?
– Нет, э́то Гали́на, её дочь.
– Ах, Гали́на, здра́вствуй. Э́то Татья́на Васи́льевна.
– Здра́вствуйте, Татья́на Васи́льевна.
– А ма́ма до́ма?
– К сожале́нию, нет. Она́ в библиоте́ке. Но...мину́точку. Ка́жется, э́то она́ идёт.

– Слу́шаю.
– Здра́вствуйте, Ни́на Фёдоровна. Как пожива́ете?
– Спаси́бо, Татья́на Васи́льевна, хорошо́. А вы?
– Прекра́сно. Сего́дня мой день рожде́ния и я приглаша́ю вас на у́жин в кафе́ "Арба́т".
– Спаси́бо. Я о́чень ра́да.
– До встре́чи.

Уро́к 5

3

– Познако́мьтесь,Тама́ра Ива́новна.
  Э́то господи́н Кра́узе.
– О́чень прия́тно. Вы из Га́мбурга?
– Нет, я живу́ в Кёльне.
  А вы живёте здесь, в Волгогра́де?
– Да, уже́ давно́. А вообще́-то я из Петербу́рга. Там и сейча́с живу́т мои́ роди́тели, сестра́ и брат.
  А где живу́т ва́ши роди́тели?
– Они́ живу́т в Леверку́зене.

Übung 1

Fragen Sie Ihren Kursnachbarn, wo er und seine Verwandten wohnen!

a) – Где вы живёте?
– Я живу́ в Кёльне.
  А вообще́-то я из Бре́мена.

b) – Где живёт ваш де́душка?
– Он живёт в Дю́ссельдорфе.
  А вообще́-то он из Берли́на.

Мой день рожде́ния

Дава́йте познако́мимся. Меня́ зову́т Тама́ра Ива́новна. Я живу́ в Волгогра́де и рабо́таю в теа́тре. Мой муж Дми́трий Анто́нович – музыка́нт. Мы рабо́таем вме́сте. На́ша дочь Ири́на уже́ студе́нтка, а сын Воло́дя шко́льник. Сего́дня мой день рожде́ния. Обы́чно я приглаша́ю бра́та и его́ жену́, сестру́ и ещё сосе́дку А́нну Матве́евну. Мой брат и его́ жена́ – учителя́. Сего́дня я жду́ ещё и колле́гу из Кёльна. Господи́н Кра́узе – музыка́нт и компози́тор. Он немно́го говори́т по-ру́сски. А вот и он.
– Здра́вствуйте, – говори́т господи́н Кра́узе.
– До́брый день. Проходи́те, пожа́луйста.
Воло́дя приглаша́ет го́стя в гости́ную, а зате́м пока́зывает кварти́ру:
– Э́то гости́ная, а здесь ку́хня. Там спа́льня, а ря́дом моя́ ко́мната и ко́мната Ири́ны. Вот туале́т и ва́нная. А там ещё и балко́н.
Сего́дня мой день рожде́ния и обе́д гото́вит муж. Он гото́вит о́чень вку́сно.
К сожале́нию, он э́то де́лает не ча́сто. Ири́на накрыва́ет стол в гости́ной.
Часы́ пока́зывают час и го́сти уже́ здесь. Я принима́ю цветы́ и пода́рки.
– Познако́мьтесь, э́то мой колле́га господи́н Кра́узе, – говорю́ я. – А э́то мой брат и сестра́.
– О́чень прия́тно, – отвеча́ют го́сти. Тепе́рь все иду́т в гости́ную обе́дать.
– За ва́ше здоро́вье – говори́т господи́н Кра́узе.
По́сле обе́да мы танцу́ем, поём, пьём ко́фе и еди́м торт. А́нна Матве́евна и моя́ сестра́ смо́трят альбо́м. Ири́на и господи́н Кра́узе бесе́дуют. Наш гость приглаша́ет Ири́ну в Кёльн. По́здно ве́чером мои́ го́сти иду́т домо́й.

Übung 2

Sie zeigen Ihrem Besuch die Wohnung. Benutzen Sie bitte diese Wörter:

кýхня, гости́ная, коридóр, спáльня, там, здесь, ещё, туалéт, вáнная, балкóн, вот.

Übung 3

Beschreiben Sie diese Bilder! Was sagt man in diesen Situationen auf russisch?

Übung 4

Когдá?	Кто?	Что дéлать?	Кудá? / Где?
вéчером	Ири́на	петь	теáтр
ýтром	Ивáн Андрéевич	идти́	университéт
сейчáс	Сергéй	жить	Москвá
всегдá	дéти	обéдать	дом
пóсле обéда	роди́тели	гуля́ть	парк
до обéда	Гали́на Антóновна	рабóтать	библиотéка
всегдá	мы	отдыхáть	мóре
днём	студéнты	ýжинать	кафé
вéчером	я	идти́	ресторáн

a) Bilden Sie möglichst viele Sätze!

Beispiel: Вéчером Ири́на поёт в теáтре.

Уро́к 5

b) Bilden Sie möglichst viele Fragesätze und beantworten Sie diese!

Beispiel: – Кто поёт в теа́тре? – Ири́на.
– Когда́ Ири́на поёт в теа́тре? – Ве́чером.
– Где Ири́на поёт? – В теа́тре.

Übung 5

Welche Blütenblätter gehören zu einer anderen Blume?

Übung 6

Welche Waben gehören hier nicht hin?

Übung 7

Bauen Sie die Treppe weiter!

Übung 8

Kombinieren Sie richtig!

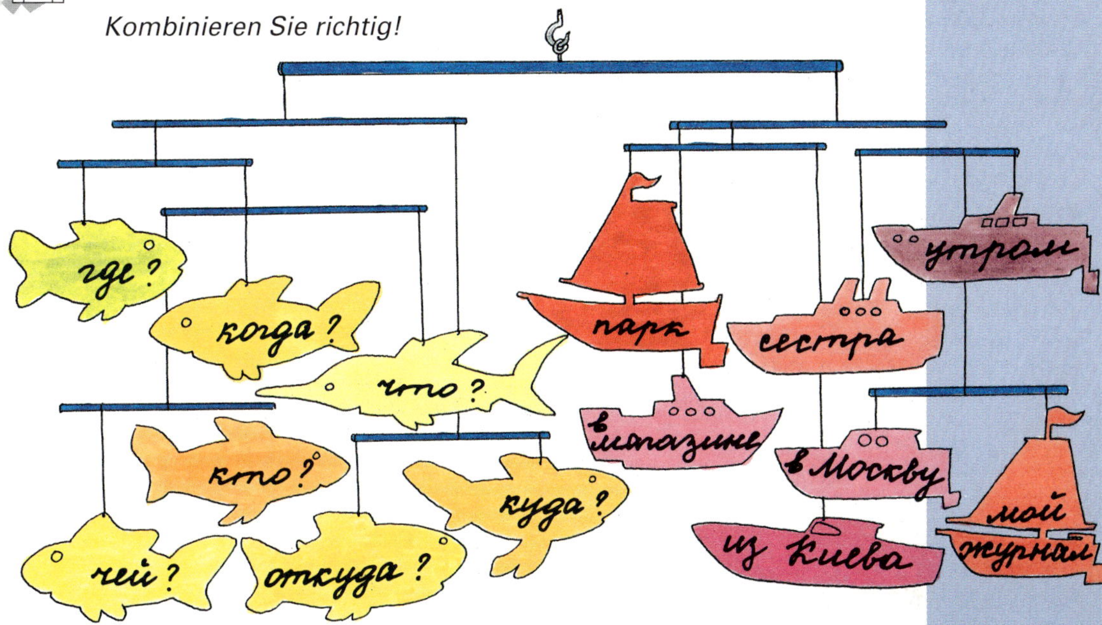

Übung 9

Stellen Sie die passenden Fragen zu den hervorgehobenen Wörtern!

1. Та́ня идёт *на ры́нок.*
2. Ве́ра покупа́ет обы́чно *на ры́нке* мя́со и помидо́ры.
3. Ма́ма гото́вит сего́дня *борщ и блины́.*
4. *Ве́чером* Светла́на всегда́ до́ма.
5. А э́то инжене́р Ми́ша *из Ки́ева.*
6. Это *моя́* сосе́дка Лари́са Васи́льевна.
7. *Пётр Серге́евич* живёт в до́ме № 1.

Уро́к 6

О́тпуск – кани́кулы

1

– Здра́вствуйте, Константи́н Семёнович.
– Здра́вствуйте. Како́й сего́дня день?
– Сего́дня вто́рник.
– Когда́ вы идёте в о́тпуск?
– Че́рез неде́лю. А вы?
– Я в пя́тницу. И я уже́ ра́дуюсь.

ра́довать**ся**			
я	ра́дую**сь**	мы	ра́дуем**ся**
ты	ра́дуешь**ся**	вы	ра́дуете**сь**
он / она́	ра́дует**ся**	они́	ра́дуют**ся**

Übung 1

Fragen Sie nach dem Wochentag!

2

– Ми́ла, у тебя́ уже́ о́тпуск?
– Да.
– Что ты де́лаешь сейча́с?
– Собира́ю рюкза́к. За́втра я е́ду за́ город отдыха́ть. Да, кста́ти, а когда́ ты е́дешь в о́тпуск?
– Че́рез ме́сяц.

у + Genitiv		
у меня́	**у нас**	**у меня́** начина́ется о́тпуск
у тебя́	**у вас**	**у меня́** начина́ются кани́кулы
у него́	**у них**	
у неё		

Познако́мьтесь!

Меня́ зову́т Ве́ра Миха́йловна.
Тебя́ зову́т Никола́й?
Его́ зову́т Оле́г Петро́вич.
Её зову́т Та́ня.

Нас зову́т Фе́дя и Во́ва.
Вас зову́т Константи́н Семёнович?
Их зову́т Людми́ла Степа́новна и Светла́на Ива́новна.

А как вас зову́т?

3

– Ма́ма, в сре́ду у меня́ начина́ются кани́кулы, а в суббо́ту наш класс хо́чет идти́ в похо́д.
– Куда́?
– В го́ры.

когда́?	**че́рез** ме́сяц **че́рез** год **че́рез** неде́л**ю**

когда́?	**в**	понеде́льник (во) вто́рник сре́д**у** четве́рг пя́тниц**у** суббо́т**у** воскресе́нье

Übung 2

Führen Sie ähnliche Dialoge! Verwenden Sie neben den verschiedenen Wochentagen auch die Wortverbindungen че́рез неде́лю, че́рез ме́сяц, че́рез год!

– Сего́дня пя́тница?
– Нет, сего́дня четве́рг.
– А когда́ ты идёшь в о́тпуск?
– В понеде́льник.

4

– До́брое у́тро, Зинаи́да Ива́новна.
– До́брое у́тро, Вади́м Степа́нович. Вот э́то встре́ча! Вы то́же предпочита́ете е́здить на по́езде?
– Да.
– Куда́ же вы е́дете?
– На мо́ре, отдыха́ть. А вы почему́ здесь?
– Я провожа́ю сы́на. У него́ кани́кулы. Он е́дет в Со́чи к ба́бушке.
– И я е́ду в Со́чи.

Кого́ вы провожа́ете?
сы́н**а** ба́бушк**у** дя́д**ю** дочь

к + Dativ	
К кому́ вы е́дете?	**Куда́** вы е́дете?
к сы́н**у** **к** ба́бушк**е** **к** дя́д**е** **к до́чери**	**к** мо́р**ю**

5

– Како́й краси́вый автомоби́ль! Я то́же люблю́ кра́сный цвет. Э́то ваш автомоби́ль?
– Нет, сосе́да.
– А ваш автомоби́ль в гараже́?
– Нет, я е́зжу на велосипе́де, на трамва́е и́ли на авто́бусе.
– У вас вся семья́ обхо́дится без автомоби́ля?
– Да, мы все обхо́димся без автомоби́ля. Моя́ жена́ е́здит на рабо́ту на метро́.
– А де́ти?
– Де́ти хо́дят в шко́лу пешко́м, так как шко́ла ря́дом. А в о́тпуск мы обы́чно е́здим на по́езде.

идти́ ⟶ е́хать ⟶ ходи́ть ⇄ е́здить ⇄

е́хать	на автомоби́л**е** / маши́н**е** на авто́бус**е** на трамва́**е** на велосипе́д**е** на по́езд**е** на метро́ на такси́	На чём вы сего́дня е́дете на рабо́ту? На чём вы обы́чно е́здите на рабо́ту?

Übung 3

Unterhalten Sie sich mit Hilfe der aufgelisteten Vokabeln!

Beispiel: – Вы всегда́ на автомоби́ле е́здите в о́тпуск?
– Нет.
– А на чём?
– Я предпочита́ю е́здить на по́езде.

(метро́ - шко́ла - велосипе́д; трамва́й - рабо́та - авто́бус; авто́бус - теа́тр - такси́)

Übung 4

Stellen Sie Fragen und beantworten Sie sie!
Wählen Sie das richtige Verb der Bewegung!

На чём вы (е́хать - е́здить) на рабо́ту?
Куда́ вы обы́чно (е́хать - е́здить) в о́тпуск?
Куда́ вы (идти́ - ходи́ть) сейча́с?
Вы ча́сто (идти́ - ходи́ть) в парк?
Куда́ Андре́й (идти́ - ходи́ть) у́тром?
Андре́й, ты то́же лю́бишь (идти́ - ходи́ть) в похо́д?
Куда́ вы сейча́с хоти́те (идти́ - ходи́ть)?
Вы ча́сто (идти́ - ходи́ть) на ры́нок?
Вы сейча́с (идти́ - ходи́ть) в магази́н?
Вы (е́хать - е́здить) в шко́лу на автомоби́ле и́ли (идти́ - ходи́ть) пешко́м?

6

Интервью́:

– До́брый ве́чер. Вы тури́ст из Берли́на?
– Нет, я из Га́мбурга.
– Как вас зову́т?
– Меня́ зову́т Ганс.
– А как ва́ша фами́лия?
– Брандт.
– Господи́н Брандт, каки́е у вас впечатле́ния от Петербу́рга?
– Хоро́шие. Петербу́рг – э́то краси́вая архитекту́ра, бе́лые но́чи, се́рое не́бо, мосты́ че́рез Неву́.

– Извини́те, вы впервы́е в Со́чи?
– Да.
– Каки́е у вас впечатле́ния от Со́чи?
– Со́чи – э́то хоро́шая пого́да, голубо́е не́бо, си́нее мо́ре, бе́лые парохо́ды и ра́достные лю́ди.

– Как вы прово́дите свобо́дное вре́мя?
– Мы всегда́ отдыха́ем в дере́вне, потому́ что лю́бим приро́ду.
– Мои́ роди́тели живу́т у мо́ря, поэ́тому я ча́сто е́зжу к мо́рю.

Übung 5

Machen Sie zwei Interviews! Verwenden Sie die angegebenen Vokabeln!

a) Am Meer / У мо́ря
меня́ зову́т, тури́ст из, фами́лия, впечатле́ния, мо́ре, е́здить, ча́сто, ре́дко

b) Auf dem Bahnhof / На вокза́ле
кого́, провожа́ть, е́хать, е́здить, по́езд, оте́ц, де́душка, тётя, мать, муж, жена́

чёр**ный** стол	си́н**ий** автомоби́ль	**како́й?**
голуб**о́е** не́бо	си́н**ее** мо́ре	**како́е?**
зелён**ая** ла́мпа	си́н**яя** кни́га	**кака́я?**
ра́достн**ые** лю́ди	си́н**ие** карандаши́	**каки́е?**

До́брый день, На́дя!

Пишу́ тебе́ из Деми́дова. Я провожу́ здесь на приро́де о́тпуск. Деми́дово – э́то ма́ленькая дере́вня недалеко́ от Смоле́нска. Здесь краси́вая ме́стность: лес, река́, зелёные луга́. Я живу́ в пала́тке, ря́дом река́ и лес. Ра́но у́тром я соверша́ю прогу́лки в лес. Лес здесь густо́й и зелёный. Я слу́шаю, как пою́т пти́цы и то́же начина́ю петь. Днём я купа́юсь, загора́ю и е́зжу в дере́вню, где я покупа́ю хлеб, молоко́ и карто́шку. По́сле обе́да я обы́чно чита́ю (кста́ти, сейча́с я чита́ю рома́н "А́нна Каре́нина", рома́н о́чень интере́сный), зате́м беру́ акваре́льные кра́ски и иду́ к реке́ рисова́ть. Приро́да здесь о́чень краси́вая. Я смотрю́ на зелёные луга́, голубо́е не́бо, во́ду в реке́, на цветы́ и ра́дуюсь. К сожале́нию, не везде́ така́я прекра́сная приро́да. Ве́чером я пишу́ пи́сьма и слу́шаю ра́дио. Че́рез неде́лю, в пя́тницу, я е́ду домо́й в Волгогра́д. Интере́сно, кака́я там пого́да?

До встре́чи.
Твой Никола́й.

Э́то моя́ сосе́дка.
Её зову́т Ю́лия. Она́ лю́бит петь. В дере́вню она́ е́здит на велосипе́де.

Übung 6

Übersetzen Sie die Fragen und beantworten Sie sie!

Wo verbringt Nikolaj seinen Urlaub?
Ist Demidowo ein kleines Dorf?
Wie ist die Landschaft hier?
Was macht Nikolaj frühmorgens?
Wo kauft er Brot, Milch und Kartoffeln?
Was macht er noch am Tage?
Wann schreibt Nikolaj den Brief?
Wann fährt er nach Wolgograd?

Übung 7

Пн.	8.00-12.00	рабóтаю дóма
Вт.	12.00	обéд в ресторáне
Ср.	17.00	готóвлю ýжин
Чт.	16.00	библиотéка
Пт.	10.00	ры́нок / óвощи и фрýкты
	20.00	теáтр
Сб.	19.00	гость из Вóлогды
Вс.	10.00	éду зá город

a) So sieht Andrejs Terminkalender für diese Woche aus. Sagen Sie den anderen Kursteilnehmern, was Andrej an bestimmten Wochentagen macht. Benutzen Sie dabei die Zeitangaben ýтром, днём, вéчером, до обéда, пóсле обéда!

b) Erzählen Sie, was Sie gewöhnlich an bestimmten Wochentagen machen!

Übung 8

– Жёлтый и си́ний, пожáлуйста.
– Я люблю́ жёлтый цвет.
– А я си́ний.

a) А какóй цвет вы лю́бите?

b) Welche Farben, die Sie bereits kennen, fehlen hier?

c) Nennen Sie Wortverbindungen (Adjektiv - Substantiv), in denen diese Farbbezeichnungen vorkommen!

Übung 9

Sie sind im Urlaub oder auf Geschäftsreise. Schreiben Sie Ihren Bekannten oder Verwandten eine Postkarte oder einen kurzen Brief über die ersten Eindrücke.

Чёрным по бе́лому напи́сано

Russische Ferien

Das Wort *Urlaub* bringen die Russen weniger mit *Reisen* in Verbindung als mit *Erholung, Freizeit.* Der überwiegende Teil der Bevölkerung Rußlands verbringt den Urlaub im Heimatland. Für das Privatleben steht dann endlich mehr Zeit zur Verfügung. Man lädt Gäste ein und wird eingeladen, ißt und trinkt gut und diskutiert seine Alltagsprobleme.

о́тпуск путеше́ствие о́тдых свобо́дное вре́мя

In der Sommerzeit fahren viele Stadtbewohner am *Wochenende* oder auch für einige Wochen auf ihre *Datschas* – kleine Häuser (meistens aus Holz) mit einem Stück Land –, die sich außerhalb der Stadt befinden. Dort faulenzen die Urlauber nicht nur, sondern arbeiten auch in ihren kleinen Gärten. Sie kochen Marmeladen und legen Gurken und Tomaten als Vorrat für den Winter ein.

коне́ц неде́ли
да́чи

Die Bezeichnung „Datscha" ist sehr alt. Abgeleitet ist sie vom Wort *„Gabe, Geschenk"*. Die ersten Datschas wurden im 18. Jahrhundert gebaut. Ihre Besit-

дар

zer waren *Adelige*, die für besondere Verdienste vom *Zaren* Land als Geschenk erhielten und darauf ihre Erholungshäuser – die Datschas – bauten. Heute bedeutet das Wort: Landhaus, Sommerhäuschen.

дворя́не
царь

Reisen innerhalb Rußlands sind nicht selten Besuche von Freunden oder Verwandten, die in einem anderen Teil des Landes leben. So ein Besuch bietet den Russen auch die Möglichkeit, eine andere Stadt, eine andere Landschaft kennenzulernen.

Eine reine Erholungsreise mit Aufenthalt im *Hotel* und Essen in einem *Restaurant* können sich viele Russen aus finanziellen Gründen nicht leisten. Außerdem ist die Zahl der Hotels in vielen Gegenden relativ klein.

гости́ница
рестора́н

Wenn sie jedoch reisen, dann ist ihr Wunschziel das *Schwarze Meer.* An seiner Küste herrscht ein mildes Klima, und man findet eine malerische Landschaft mit einer subtropischen Pflanzenwelt vor.

Чёрное мо́ре

In der früheren Sowjetunion mußten die Bürger jede Auslandsreise beantragen und erhielten bei Zusage einen nur für diese Reise gültigen Paß, der nach der Rückkehr wieder abgegeben werden mußte. Seitdem im Lande das Gesetz über freies Reisen in Kraft getreten ist, dürfen die Russen einen ständigen *Reisepaß* besitzen und können problemlos ins Ausland fahren. Doch die Zahl derer, die ihren Urlaub in einem anderen Land verbringen, ist noch gering.

заграни́чный па́спорт

Урóк 7

В магазúне

Уро́к 7

1

– На́дя, ты ви́дишь вон там витри́ны магази́нов?
– Ви́жу. А магази́н “Ме́бель” то́же там?
– Да.

– Скажи́те, пожа́луйста, ско́лько сто́ит э́тот шкаф?
– Сто оди́н рубль девяно́сто семь копе́ек.
– А э́та ла́мпа?
– Шестьдеся́т пять рубле́й.

	Nominativ Plural	Genitiv Plural
m	магази́ны рубли́	магази́нов рубле́й
f	кни́ги ма́рки	книг ма́рок
n	я́блоки о́кна пи́сьма	я́блок о́кон пи́сем

Demonstrativpronomen	
Nominativ / Akkusativ	Nominativ / Akkusativ
э́тот шкаф э́та ла́мпа / э́ту ла́мпу э́то кре́сло	э́ти шкафы́ э́ти ла́мпы э́ти кре́сла

0 ноль
1 оди́н *(m)*, одна́ *(f)*, одно́ *(n)*
2 два *(m/n)*, две *(f)*
3 три
4 четы́ре
5 пять
6 шесть
7 семь
8 во́семь
9 де́вять
10 де́сять
11 оди́ннадцать
12 двена́дцать
13 трина́дцать
14 четы́рнадцать
15 пятна́дцать
16 шестна́дцать
17 семна́дцать
18 восемна́дцать
19 девятна́дцать
20 два́дцать
21 два́дцать оди́н
22 два́дцать два
30 три́дцать
31 три́дцать оди́н
40 со́рок
41 со́рок оди́н
50 пятьдеся́т
60 шестьдеся́т
70 се́мьдесят
80 во́семьдесят
90 девяно́сто
100 сто

Скóлько?		
1, 21, 31, 41,... 2, 3, 4, 22, 32, 33, 44,... 5-20, 25-30, 35-40,...	(...оди́н) рубль, (...однá) мáрка, копéйка (...два) рубл**я́**, (...две) мáрк**и**, копéйк**и** рубл**éй**, пфéнниг**ов**, мáр**о**к, копé**е**к	Nom. Sing. Gen. Sing. Gen. Pl.

2

– Алексáндра Михáйловна, что вы дéлали вчерá пóсле обéда?
– Я ходи́ла в магази́н, а затéм писáла сы́ну Пéте письмó. Он ведь сейчáс живёт в Костромé.
– Нáдо же, а я ду́мала, что он ещё живёт в Ярослáвле.
– В Ярослáвле он жил год назáд, а потóм получи́л рабóту в Костромé.

Bildung des Präteritums	дéлать	жить	быть	идти́
он	дéла **-л**	жи **-л**	бы **-л**	шё **-л**
онá	дéла **-ла**	жи **-лá**	бы **-лá**	ш **-ла**
онó	дéла **-ло**	жи́ **-ло**	бы́ **-ло**	ш **-ло**
они́	дéла **-ли**	жи́ **-ли**	бы́ **-ли**	ш **-ли**

Когдá вы éздили в Ярослáвль?	год мéсяц недéлю	(тому́) назáд

Übung 1

Unterhalten Sie sich in ähnlicher Weise!
Achten Sie auf den Gebrauch des Präteritums!

– Э́рика, что ты дéлала вчерá пóсле обéда?
– Я ходи́ла в магази́н.

3

– Ты бу́дешь чтó-нибудь покупáть?
– Да, я хочу́ купи́ть брю́ки и блу́зку для Лéны.
– А ты знáешь, какóй у неё размéр?
– Да, знáю.

Unvollendetes Futur Futurformen von быть + Infinitiv		
я	**бу́ду**	покупáть
ты	**бу́дешь**	покупáть
он	**бу́дет**	покупáть
онá	**бу́дет**	покупáть
мы	**бу́дем**	покупáть
вы	**бу́дет**е	покупáть
они́	**бу́дут**	покупáть

Übung 2

Führen Sie Gespräche beim Einkauf!
Verwenden Sie die Preise, die auf der Zeichnung zu sehen sind. Nennen Sie sie auch mit **ма́рка** *und* **пфе́нниг**!
Beispiel:

– Ско́лько сто́ит э́то пальто́?
– Сто девяно́сто девя́ть (199) рубле́й се́мьдесят две (72) копе́йки.

4

– Ты ча́сто покупа́ешь здесь кни́ги?
– Да.
– А что ты купи́л сего́дня?
– Сего́дня я купи́л рома́н Пу́шкина "Евге́ний Оне́гин".
– Са́ша, ты уже́ прочита́л рома́н Пу́шкина "Евге́ний Оне́гин"?
– Нет, ещё чита́ю.
– И каки́е же у тебя́ впечатле́ния?
– Рома́н замеча́тельный. Сове́тую прочита́ть.
– Я за́втра то́же куплю́ э́тот рома́н и́ли возьму́ его́ в библиоте́ке.
– Ты ча́сто берёшь кни́ги в библиоте́ке?
– Да.

Aspektbildung

чита́ть	– прочита́ть
сове́товать	– посове́товать
писа́ть	– написа́ть
покупа́ть	– купи́ть
получа́ть	– получи́ть
брать	– взять
ви́деть	– уви́деть

	Unvollendeter Aspekt	Vollendeter Aspekt
Präsens	читáю, читáешь…	
Präteritum	читáл, читáла…	прочитáл, прочитáла…
Futur	бýду читáть, бýдешь читáть…	прочитáю, прочитáешь…

Akkusativ (=Genitiv) des Personalpronomens		
	ромáн / кни́гу	
Я возьмý		**в библиотéке.**
	егó / её	

5

– Ой, каки́е краси́вые плáтья в витри́не! Какóе из них ты мне совéтуешь купи́ть?
– Вот э́то чёрное. Э́тот цвет сейчáс óчень мóдный.
– Нет, чёрное у меня́ ужé есть.

Personalpronomen im Dativ			
кто?		**комý**	
я		**мнé**	
ты		**тебé**	
он		**емý**	
онá	Лéна совéтует	**ей**	купи́ть пальтó.
мы		**нам**	
вы		**вам**	
они́		**им**	

6

– Здрáвствуй, Ни́на.
– Хорст? Здрáвствуй. Ты дóлго не звони́л. Как делá? Когдá ты éдешь домóй в Штýтгарт?
– Чéрез недéлю. Ты помóжешь мне вы́брать сувени́р для мáмы? У неё скóро день рождéния.
– Помогý. Зáвтра пóсле обéда я бýду ждать тебя́.

– У вас есть чтó-нибудь типи́чно рýсское? Шкатýлки из Пáлеха и́ли жóстовские поднóсы?
– У нас есть сувени́ры из дéрева. Вот краси́вая матрёшка.
– Но матрёшка у мáмы ужé есть.
– Тогдá мóжете взять шкатýлку.
– Э́то, пожáлуй, подойдёт. Скóлько онá стóит?
– Сто вóсемьдесят оди́н рубль, сóрок пять копéек. В кáссу, пожáлуйста.

Übung 3

Stellen Sie sich gegenseitig ähnliche Fragen! Verwenden Sie bitte nur die Zahlen ***оди́н–одна́–одно́, два–две****! Beispiel:*

– У вас в го́роде есть магази́ны "Ме́бель"?
– Есть.
– Ско́лько?
– Оди́н.

купи́ть + Akkusativ	Хорст купи́л	оди́н стол одно́ пальто́ одну́ матрёшку

У кого́ есть шкату́лка?		
у меня́	**есть**	шкату́лка
у тебя́	**есть**	шкаф
у него́	**есть**	брю́ки
у неё	**есть**	пла́тье
у нас	**есть**	сувени́ры
у вас	**есть**	матрёшки
у них	**есть**	пла́тья

Übung 4

Fragen Sie Ihren Nachbarn! Wählen Sie den richtigen Aspekt!

1. Вы лю́бите (чита́ть – прочита́ть) рома́ны Гёте?
2. Вы уже́ (чита́ть – прочита́ть) э́тот рома́н?
3. Как до́лго ты (чита́ть – прочита́ть) э́ту кни́гу?
4. Вы ча́сто (покупа́ть – купи́ть) здесь ме́бель?
5. Ты помо́жешь мне (выбира́ть – вы́брать) сувени́р для сы́на?
6. Вы бу́дете (брать – взять) э́ту шкату́лку?
7. Почему́ ты так ре́дко мне (писа́ть – написа́ть)?
8. Вы уже́ (писа́ть – написа́ть) сы́ну письмо́?
9. Вы бу́дете что́-нибудь (покупа́ть – купи́ть)?

Улы́бка де́вушки в витри́не

В суббо́ту Леони́д вста́л по́здно. Его́ мать уже́ была́ на ку́хне и за́втракала.
– До́брое у́тро, ма́ма!
– До́брое у́тро, Лёня! Как ты спал?
– Я ви́дел необы́чный сон.
– Что же ты ви́дел?
– Я во сне́ что́-то покупа́л и улыба́лся.
– Что ты сего́дня бу́дешь де́лать?
– Я собра́лся в магази́н "Спорт". Мо́жет, куплю́ лы́жи.
– А де́ньги у тебя́ есть?
– Есть. Я ведь ме́сяц рабо́тал в библиоте́ке.
– Да, по́мню. Ско́лько же ты зарабо́тал?
– Сто пятьдеся́т шесть рубле́й.
– А ско́лько сто́ят лы́жи?
– Не зна́ю. Я ещё не смотре́л.

– Вот тебе́ ещё сто со́рок пять рубле́й.
– Спаси́бо.
По́сле обе́да Леони́д был в це́нтре го́рода. Внача́ле он до́лго рассма́тривал витри́ны магази́нов. Вы́брать что́-то бы́ло тру́дно. Вдруг он уви́дел витри́ну магази́на “Спорт”, а в витри́не что́-то знако́мое.
– Не мо́жет быть, – сказа́л Леони́д.
Из витри́ны на него́ смотре́ло знако́мое лицо́. Де́вушка оформля́ла витри́ну.
– Вспо́мнил, вспо́мнил, – сказа́л он опя́ть, – я её ви́дел во сне. – И вот э́ти лы́жи я то́же ви́дел.
Че́рез час Леони́д шёл дово́льный домо́й. Он купи́л лы́жи и ку́ртку. Ещё до́лго он по́мнил улы́бку де́вушки в витри́не.

Übung 5

a) Nennen Sie die Verben, die im Text vorkommen! Bestimmen Sie die Zeitform und den Aspekt dieser Verben!

b) Erzählen Sie, wie Sie in der Bücherei, im Möbel-, Sport- oder Souvenirgeschäft eingekauft haben!

Не име́й сто рубле́й, а име́й сто друзе́й

LK

Russische Souvenirs

Den Touristen in Rußland überrascht die Vielfalt des Angebots an Souvenirs, die sich nicht nur in der Farbenfreudigkeit äußert. Das wohl bekannteste russische Souvenir ist die Matrjoschka, eine aus Holz geschnitzte und bunt bemalte Puppe, in der sich mehrere kleinere Matrjoschkas verbergen. Auch *Puppen* in russischen *Trachten* sind in den *Souvenirabteilungen* der Geschäfte oft zu sehen.

ку́кла
национа́льный костю́м
отде́л "Сувени́ры"

Daneben werden eine Reihe von Geschirrartikeln angeboten, z.B. Tassen, Löffel, Teekannen, Töpfe, Honig- und Salzgefäße, sowie Vasen und Schatullen, die der Russe mit den Begriffen *„Chochloma"*, *„Palech"* und *„Schostowo"* assoziiert. Diese Begriffe sind Namen von Ortschaften und gleichzeitig Bezeichnungen für drei sehr bekannte *Kunstgewerbe* in Rußland.

Хохлома́ Па́лех Жо́стовс

худо́жественные про́мыслы

Chochloma ist ein Dorf, das sich im Gebiet Nishnij Nowgorod an der Wolga befindet. Hier entstand im 17. Jahrhundert ein Kunstgewerbe, das bis heute lebendig geblieben ist. Bei der *Chochloma-Bemalung* werden auf *schwarzem Hintergrund* rote, goldene und grüne *Pflanzenornamente* aufgetragen.

хохломска́я ро́спись
чёрный фон
расти́тельный орна́мент

Palech ist ein bedeutendes Zentrum der *Miniaturmalerei* und liegt nordöstlich von Moskau, unweit der Stadt Iwanowo. Im 18. Jahrhundert war es eines der größten Zentren der russischen *Ikonenmalerei.* Heute werden vor allem Schatullen und *Broschen* aus *Pappmaché* mit leuchtenden und goldenen Farben bemalt. Die Künstler verwenden vorwiegend Motive aus alten russischen Fabeln, Liedern, Bylinen (Heldengedichte / Epen) und Märchen.

миниатю́рная жи́вопись

и́конопись
бро́ши папье́-маше́

Schostowo ist ein Dorf im Gebiet um Moskau. Hier werden Metalltabletts hauptsächlich mit Blumenmotiven und Abbildungen von Früchten bemalt. 26 unterschiedliche Formen von Tabletts sind bekannt. Dagegen ist jede der aufgetragenen Zeichnungen ein *Unikat.*

неповтори́мый рису́нок

Ebenso bekannt ist auch das Kunstgewerbe *„Spielzeug aus Dymkowo"*. Märchenhafte Tierfiguren, Reiter und Damen in Reifröcken werden geformt, aus Ton gebrannt, anschließend mit *Temperafarben* bemalt und mit *Blattgold* verziert.

ды́мковская игру́шка

те́мпера
суса́льное зо́лото

Уро́к 8

Тру́дный во́зраст

Уро́к 8

1

– Здра́вствуй, Лари́са.
– Ната́ша, Вита́лий, здра́вствуйте. Э́то ва́ша до́чка?
– Да, э́то на́ша Ма́ша.
– Здра́вствуй, Ма́шенька. Ско́лько тебе́ лет?
– Де́вять. А тебе́?
– Мне?! А вот посчита́й. Тебе́ де́вять лет. Нам вме́сте три́дцать оди́н год. Ско́лько мне лет?
– Мм…Тебе́ два́дцать два го́да.
– Пра́вильно. Молоде́ц, Ма́ша!

кому́?	**мне** **тебе́** **ему́** **ей** **нам** **вам** **им**	25 лет

1	**год**
2, 3, 4	**го́да**
5, 6... 20	**лет**
21	**год**
35	**лет**
50	**лет**

Übung 1

Führen Sie kurze Gespräche wie im Beispiel:

– Ско́лько тебе́ (вам) лет?
– Мне 25 лет. Че́рез год мне бу́дет 26 лет. Год наза́д мне бы́ло 24 го́да.

чьи?	
мой	на́ши
твой	ва́ши
его́ / её	их

2

– Ах, чьи э́то де́ти! Ва́ши?
– Да, мои́.
– Ско́лько им лет?
– Та́не год, а Са́ше 3 го́да.

3

– Та́нечка, кака́я ты наря́дная. Где ты была́?
– Мы с ма́мой ходи́ли в шко́лу.
– Ах, ты уже́ у́чишься в шко́ле? А с кем ты сиди́шь?
– Я сижу́ с Дени́сом.
– А твоя́ подру́га А́ня?
– А́ня сиди́т с Алёшей.
– А кто твоя́ учи́тельница? Как её зову́т?
– Её зову́т Ни́на Дми́триевна. Она́ знако́мит нас со шко́лой. Сего́дня мы уже́ бы́ли в библиоте́ке, а за́втра мы посмо́трим буфе́т.

с чем?
с молоко́м
с сы́ром
с колбасо́й

с кем?	
с Макси́мом	со Све́той
с дру́гом	с подру́гой
с Серге́ем	с А́ней
с учи́телем	с Воло́дей
aber: с ма́терью, с до́черью	

4

– У тебя́ е́сть хо́бби?
– Да. Я люблю́ игра́ть на фле́йте.
– А на чём ты ещё игра́ешь?
– На пиани́но и виолонче́ли.
– Ты хоте́л стать музыка́нтом?
– Нет, я всегда́ хоте́л стать архите́ктором.

игра́ть на...	скри́пке фле́йте роя́ле пиани́но виолонче́ли гита́ре

Übung 2

Jetzt sind Sie an der Reihe:

– А у вас есть хо́бби? Кем вы хоте́ли стать?

5

– Гали́на Анто́новна, вы, я зна́ю, лю́бите му́зыку.
– О́чень люблю́.
– Хоти́те в суббо́ту пойти́ на конце́рт? У меня́ есть два биле́та и я хочу́ вас пригласи́ть. Бу́дет игра́ть де́тский орке́стр.
– О, э́то о́чень интере́сно послу́шать.
– Я бу́ду ждать вас ве́чером .
– Хорошо́, я обяза́тельно приду́.

пойти́	–	прийти́
пое́хать	–	прие́хать

Он пошёл в кино́.

Он пришёл в кино́.

6

– Ребя́та, у нас в кла́ссе но́вый учени́к. Сейча́с он напи́шет на доске́, как его́ зову́т. Ну как, уже́ прочита́ли? Светла́на, чита́й гро́мко!
– Са́-ша Ан-то́-нов.
– Апчхи́!
– Бу́дьте здоро́вы, Ксе́ния Ива́новна. А-а-а-пчхи́!
– И ты, Са́ша, будь здоро́в.

	Imperativ	
они́ чита́-ют	чита́-й	чита́-йте
они́ пи́ш-ут	пиш-и́	пиш-и́те
они́ бу́д-ут	буд-ь	бу́д-ьте
они́ поздра́в-ят	поздра́в-ь	поздра́в-ьте
они́ у́ч-ат-ся	уч-и́-сь	уч-и́те-сь

Nominativ	как до́лго? (Akkusativ)
весь	весь день
вся	всю неде́лю
всё	всё у́тро
все	все дни

7

– Ко́ля, где ты был? Я тебя́ всю неде́лю не ви́дела.
– У меня́ ско́ро экза́мены. Я мно́го занима́юсь.
– А на ле́кции ты сего́дня был?
– Да, коне́чно.

8

– Покажи́те мне кни́ги о компози́торах!
– Вот, пожа́луйста. Здесь кни́ги о Бетхо́вене и о Проко́фьеве.
– А о города́х есть?
– Там, на по́лке, кни́ги о Москве́, о Петербу́рге и о Яросла́вле.
– А о Бо́нне есть?
– К сожале́нию, нет.

Präpositiv	
о ком?	
о компози́торе	о компози́торах
об учи́тельнице	об учи́тельницах
о чём?	
о го́роде	о города́х
о шко́ле	о шко́лах
о ле́кции	о ле́кциях
о впечатле́нии	о впечатле́ниях
о письме́	о пи́сьмах

aber:

мать	о ма́тери	о матеря́х
дочь	о до́чери	о дочеря́х
оте́ц	об отце́	об отца́х

Übung 3

a) Fragen Sie nach Büchern über Länder und Städte, die Sie interessieren.

Beispiel:
– Покажи́те мне кни́ги о Герма́нии.
– Вот, пожа́луйста.

b) Fragen Sie Ihren Nachbarn:

– О ком вы ду́маете? (пи́шете, чита́ете, говори́те, расска́зываете)
– О чём вы ду́маете? (пи́шете, чита́ете, говори́те, расска́зываете)

9

– У тебя́ есть сегóдня семинáр?
– Нет, семинáр был у меня́ вчерá. И зáвтра тóже бýдет.

	вчерá	сегóдня	зáвтра
У меня́…	**был** стол	**есть** стол	**бýдет** стол
	былá кни́га	**есть** кни́га	**бýдет** кни́га
	бы́ло письмó	**есть** письмó	**бýдет** письмó
	бы́ли журнáлы	**есть** журнáлы	**бýдут** журнáлы

Мáленькие дéти – мáленькое гóре, больши́е дéти – большóе гóре

– Ах, как здесь хорошó на прирóде, – сказáла Тамáра Ивáновна. – Вся нáша семья́ лю́бит ходи́ть в лес. Здéсь мы гуля́ем, собирáем грибы́ и прóсто отдыхáем. Вы слýшаете меня́, Лари́са Сергéевна? Нрáвится вам здесь?
– Да, здесь действи́тельно óчень хорошó, – отвéтила Лари́са Сергéевна.
– У вас сегóдня плохóе настроéние? Вы весь день молчи́те. Расскажи́те мне о Ди́ме. Скóлько емý лет?
– Ужé девятнáдцать.
– У вас такóй взрóслый сын? Где он ýчится?
– К сожалéнию, он не ýчится, а рабóтает. В шкóле Ди́ма люби́л рисовáть и всегдá говори́л: “Я обязáтельно бýду учи́ться в институ́те. Я бýду худóжником. Я нарисýю наш лес, рéку и тебя́, мáма.” И хóбби у негó бы́ло: он люби́л карти́ны и собирáл кни́ги о музéях. Он знáет все знамени́тые музéи ми́ра. Год назáд он хотéл поступи́ть в институ́т. Но там всегдá большóй кóнкурс. Ди́ма плóхо подготóвился и не поступи́л. Тепéрь он ужé год с дрýгом Ми́шей рабóтает на фáбрике “Рýсские сувени́ры”. Они́ распи́сывают поднóсы и шкатýлки. Ди́ма ужé не хóчет учи́ться в институ́те. И не éздит в лес, и не рисýет прирóду. А у негó ведь талáнт. Но дéти сейчáс не слýшают и не понимáют роди́телей.
– Да, прáвильно говоря́т в нарóде: “Малéнькие дéти – мáленькое гóре, больши́е дéти – большóе гóре.”

Übung 4

a) Beantworten Sie die Fragen zum Text!

- Ди́ма у́чится и́ли рабо́тает?
- Что Ди́ма люби́л де́лать в шко́ле?
- Кем он хоте́л стать?
- Како́е хо́бби у него́ бы́ло?
- Почему́ он не поступи́л в институ́т?
- Где он с дру́гом рабо́тает?
- Что они́ де́лают на фа́брике?
- Ди́ма хо́чет учи́ться в институ́те?

b) Diskutieren Sie!

- Почему́ у Лари́сы Серге́евны плохо́е настрое́ние?

c) Fragen Sie sich gegenseitig!

- Где у́чатся ва́ши де́ти?
- Кем они́ хотя́т стать?

ЛК

Über das russische Bildungssystem

Mit dem Zerfall der Sowjetunion wird in Rußland auch das *Bildungssystem* allmählich in den allgemeinen Prozeß der Reformen einbezogen. Reformiert werden neben der Regelschule auch die Berufs- und *Hochschulen*. Die *allgemeinbildende Schule* mit elf Klassen ist heute nicht mehr der einzige Schultyp. In einigen Regionen werden *Gymnasien* eingerichtet, die die Schulkinder nach der *Grundschule* besuchen können. Daneben versucht man auch die in der Zarenzeit existierenden *Lyzeen* wieder ins Leben zu rufen. Im 19. Jahrhundert wurden die Lyzeen von Alexander I. für die Ausbildung der adeligen Jugend gegründet. Die heutigen Lyzeen haben natürlich eine andere Funktion. Sie sind den Hochschulen angeschlossen und sollen die Schüler gezielt auf das spätere Hochschulstudium vorbereiten. Ein Lyzeum hat zwei Klassen: die 10. und die 11. Klasse. Die in der Schule unterrichteten *Fächer* sind in etwa die gleichen wie in westlichen Schulen. Ihre Inhalte haben sich aber – dank der gesellschaftlichen Umwälzungen im Lande – seit Beginn der 90er Jahre geändert. Dies betrifft in erster Linie die Fächer *Geschichte*, *Literatur* und *Erdkunde*. Auch die Gestaltung des Unterrichts soll heute anders aussehen. Neben der bloßen Aneignung von Unterrichtsstoff werden vom Schüler zunehmend selbständiges Arbeiten und das Äußern einer eigenen Meinung erwartet. Der Lehrer bekommt eine neue Rolle: vom reinen Prüfer wird er zum Diskussions- und

систе́ма образова́ния
ву́зы
общеобразова́тельная шко́ла
гимна́зии
нача́льная шко́ла
лице́и
предме́ты
исто́рия литерату́ра
геогра́фия

Ansprechpartner, der den Schülern hilft, ihre *Fähigkeiten* zu entfalten. — спосо́бности

Auch im Hochschulbereich vollzieht sich ein Wandel, der sowohl die Inhalte der Fächer als auch die *Methodik* der Stoffvermittlung betrifft. — мето́дика

Mit ganz anderen Problemen als früher müssen heute die *Absolventen* der Berufs- und Hochschulen fertig werden: es ist eine neue Erfahrung, sich eigenständig auf Arbeitssuche zu begeben und konkurrenzfähig gegenüber Mitbewerbern sein zu müssen. — выпускники́

Das Schuljahr beginnt in ganz Rußland am 1. September. Nach alter Tradition gehen die Schüler an diesem

Tag mit Blumen zur Schule, die sie ihren Lehrern schenken. Die festliche *Schuluniform* – das braune Kleid mit weißer Schürze oder den blauen Anzug – sieht man heute immer seltener. — шко́льная фо́рма

Уро́к 9

На по́чте

Уро́к 9

1

– Ни́на, ты зна́ешь, что Константи́н в Герма́нии?
– Нет. А отку́да ты зна́ешь?
– Он присла́л мне три откры́тки с ви́дами городо́в. Смотри́, вот они́: пе́рвая из Га́мбурга, втора́я из Ге́йдельберга и тре́тья из Дре́здена.

Ordnungszahlwörter

1. пе́рвый	пе́рвая	пе́рвое	пе́рвые
2. второ́й	втора́я	второ́е	вторы́е
3. тре́тий	тре́тья	тре́тье	тре́тьи
4. четвёртый	четвёртая	четвёртое	четвёртые
5. пя́тый	пя́тая	пя́тое	пя́тые
6. шесто́й	шеста́я	шесто́е	шесты́е
7. седьмо́й	седьма́я	седьмо́е	седьмы́е
8. восьмо́й	восьма́я	восьмо́е	восьмы́е
9. девя́тый	девя́тая	девя́тое	девя́тые
10. деся́тый	деся́тая	деся́тое	деся́тые

Алексе́й Па́влович – пе́рвый в о́череди.

Ири́на Влади́мировна – тре́тья в о́череди.

Рома́н Семёнович – пя́тый в о́череди.

2

– Ири́на Никола́евна, како́го цве́та почто́вые я́щики в Москве́?
– Си́него.
– А у нас в Герма́нии – жёлтого.

– Извини́те, пожа́луйста, где здесь телефо́н-автома́т?
– В конце́ у́лицы, у большо́го до́ма.

– Же́ня, я ви́дела, что ты получи́л письмо́ из Москвы́. От кого́?
– От ста́рого дру́га.
– А я ду́мала – от но́вой подру́ги.

– Курт, ты собира́ешь почто́вые ма́рки?
– Да, собира́ю. У меня́ больша́я колле́кция худо́жественных ма́рок.

Adjektiv - Deklination	Singular			Plural
Nominativ	нóвый	нóвое	нóвая	нóвые
Genitiv	нóв**ого**	нóв**ого**	нóв**ой**	нóв**ых**
Akkusativ	нóвый/нóв**ого**	нóвое	нóв**ую**	нóвые/нóв**ых**

3

– Ой, пóчта ужé закры́та? Скóлько сейчáс врéмени?
– Ужé восемнáдцать минýт вторóго, а пóчта закрывáется в час.
– А когдá онá опя́ть открывáется? В половúне трéтьего и́ли в два?
– В два.

Котóрый час? Скóлько сейчáс врéмени?	Когдá мы встрéтимся? В котóром часý мы встрéтимся?
Сейчáс…	
четы́ре часá.	В четы́ре.
пятнáдцать минýт пя́того / чéтверть пя́того.	Пятнáдцать минýт пя́того.
половúна пя́того.	В половúне пя́того.
без пятнáдцати пять / без чéтверти пять.	Без пятнáдцати пять.
пять часóв.	В пять.

врéмя
врéмени
врéмени
врéмя
врéменем
о врéмени

Übung 1

Stellen Sie Ihrem Kursnachbarn Fragen nach Öffnungs- oder Schließzeiten, oder verabreden Sie sich. Verwenden Sie unterschiedliche Uhrzeiten.
Beispiele:

– Вы знáете, когдá открывáется пóчта?
– В половúне девя́того.

– Óльга, когдá мы зáвтра встрéтимся?
– Без двадцатú три.

Урок 9

4

– Алло́.
– Кто у телефо́на? Э́то ты, Ни́на? Э́то Ната́ша говори́т.
– Здра́вствуй, Ната́ша.
– Что ты сейча́с де́лаешь? Дава́й встре́тимся!
– Мне на́до поду́мать. Ско́лько сейча́с вре́мени?
– Три часа́.
– Мо́жет быть, в полови́не четвёртого?
– А где?
– У но́вого кафе́ на у́лице Пу́шкина.
– Договори́лись. Пока́.

Они́ встре́тятся у кафе́.

– Серге́й, ты куда́ ?
– На по́чту. Мне ну́жно отпра́вить заказно́е письмо́.
– Тогда́ поспеши́. Сейча́с де́сять мину́т седьмо́го, а по́чта закрыва́ется в полови́не седьмо́го.

– Андре́й, мне ну́жно обменя́ть неме́цкие ма́рки на рубли́. Где я могу́ э́то сде́лать?
– В ба́нке. Пойдёшь пря́мо по у́лице. В конце́, напра́во, уви́дишь большо́е зда́ние. Э́то и есть банк.

– Мне на́до посла́ть посы́лку.
– В тре́тье окно́, пожа́луйста.

– Мне на́до отпра́вить телегра́мму.
– Запо́лните, пожа́луйста, э́тот бланк.

Ф. ТГ-4а

Слов | Плата руб. коп.

Принял

КВИТАНЦИЯ В ПРИЕМЕ ТЕЛЕГРАММ

МИНИСТЕРСТВО СВЯЗИ СССР

МЕЖДУНАРОДНАЯ ТЕЛЕГРАММА

№

Место подачи и страна (в именительном падеже)

сл. го ч. м.

Передача

го ч. м.

Номер рабочего места

Автоответ пункта приема

Передал

Служебные отметки

Категория и отметки особого вида

Фамилия адресата (в именительном падеже)

Адрес

Город, страна

sollen (müssen) → Dativ + на́до / ну́жно + Infinitiv		
Ему́ ну́жно отпра́вить письмо́.	Ему́ ну́жно бу́дет отпра́вить письмо́.	Ему́ ну́жно бы́ло отпра́вить письмо́.

5

– Пожа́луйста, пять конве́ртов.
– Вам каки́е – а́виа и́ли просты́е?
– Четы́ре а́виа и оди́н просто́й.
– Пожа́луйста, оди́н рубль два́дцать пять копе́ек.

– Да́йте, пожа́луйста, бланк для телегра́ммы.
– Для просто́й и́ли сро́чной?
– Для междунаро́дной.
– Вот, пожа́луйста.
– Спаси́бо.

Übung 2

Анто́ну Петро́вичу на́до пойти́ на по́чту. Ему́ ну́жно купи́ть во́семь просты́х конве́ртов.

Begründen Sie, warum Sie (Ihr Bruder, Ihre Schwester, Ihr Freund, Ihre Freundin...) heute zur Post gehen.

6

– Я хочу́ заказа́ть разгово́р с Кёльном.
– Како́й но́мер?
– Четы́ре-пять-два-шесть-три-оди́н.
– Хорошо́. Жди́те.

– Я хочу́ заказа́ть разгово́р со Шту́тгартом.
– На како́е вре́мя?
– На семь часо́в ве́чера.
– Отку́да вы звони́те?
– Из гости́ницы "Ко́смос".
– Фами́лия, но́мер?
– Фами́лия – Кра́узе, но́мер двена́дцать-со́рок семь.
– Я повторя́ю: Кра́узе, гости́ница "Ко́смос", но́мер двена́дцать-со́рок семь. Како́й но́мер телефо́на в Шту́тгарте?
– Оди́н-четы́ре-де́вять-во́семь-пять-шесть.
– С кем вы бу́дете говори́ть?
– С Кра́узе.
– Я повторя́ю: Шту́тгарт, оди́н-четы́ре-де́вять-во́семь-пять-шесть, Кра́узе. Ваш зака́з записа́ли. Жди́те.

Кому́ ты звони́шь?	Ма́ме.

7

– На́дя, ты купи́ла мне ма́рки, кото́рые я проси́ла?
– Да, вот они́.

Relativpronomen	кото́рый
кото́рый	welcher
кото́рая	welche
кото́рое	welches
кото́рые	welche

На по́чте

Курт Шмидт уже́ оди́ннадцатый день в Москве́. В Москве́ он пе́рвый раз. Он уже́ познако́мился с па́мятниками э́того стари́нного го́рода. Сего́дня он хо́чет посла́ть домо́й приве́т из Москвы́. Поэ́тому ему́ ну́жно пойти́ на по́чту и купи́ть откры́тки с ви́дами го́рода. Он стои́т на у́лице и не зна́ет, где нахо́дится по́чта.
– Извини́те, пожа́луйста, вы не ска́жете, где здесь по́чта?
– По́чта недалеко́ отсю́да. В конце́ э́той у́лицы, нале́во, у большо́го магази́на "Оде́жда".
– Спаси́бо.
– Пожа́луйста.

На по́чте всегда́ лю́ди. Курт стои́т и чита́ет на́дписи: **Приём и выдача посылок, Приём и выдача переводов, Выдача корреспонденции "До востребования", Продажа конвертов, марок, открыток, Телефон, Приём телеграмм.**
Вдруг кто́-то засмея́лся.

– Курт, неуже́ли э́то ты? Что ты де́лаешь в Москве́?
– Ива́н, како́й сюрпри́з! Встре́тить ста́рого дру́га в Москве́ на по́чте! Ско́лько лет мы не ви́делись?
– Ка́жется, лет пять-шесть. А что ты де́лаешь в Москве́?
– Прие́хал познако́миться с го́родом. А ты, Ива́н?
– Я прие́хал по дела́м. Ну, Курт, что ты уже́ ви́дел в Москве́?
– Я уже́ осмотре́л Третьяко́вскую галере́ю и Кремль, кото́рые мне о́чень понра́вились.
– А вы́ставку почто́вых ма́рок, кото́рая сейча́с в Москве́, ты уже́ посети́л? Ты ведь то́же собира́ешь ма́рки.
– А ты уже́ там был?
– Нет, ещё не успе́л.
– Тогда́ дава́й пойдём вме́сте!
– Дава́й. Э́то прекра́сная иде́я! Я бу́ду в Москве́ ещё дня два-три.
– Ива́н, возьми́ мой но́мер телефо́на в гости́нице, а я возьму́ твой.
– Да, нам обяза́тельно на́до встре́титься. Позвони́ мне за́втра!
– Пока́, Ива́н, до ско́рой встре́чи!
– До свида́ния, Курт.

Übung 3

Kurt ist wieder zu Hause und erzählt seiner Freundin über seinen Aufenthalt in Moskau. Übernehmen Sie seine Rolle!

Игра́ть пе́рвую скри́пку

Die Post

In Rußland erkennt man ein Postamt an der Aufschrift "Почта" oder "Почтовое отделение".
Der Betrieb läuft grundsätzlich ähnlich wie in Deutschland. Den größten Unterschied findet man im Bereich des Fernmeldeverkehrs. Es gibt auf russischen Postämtern besondere Abteilungen für Telefongespräche und Telegrammaufgabe. Oft muß man Telefonate anmel-

den, entweder über das *Inlands-* oder das *Auslandsfernamt*. Die *Verbindung* wird dann vom *Postangestellten* hergestellt.
Innerstädtische Telefongespräche werden von *Telefonzellen* aus geführt. In größeren Städten besteht diese Möglichkeit auch für inländische Ferngespräche.
Eine weitere Besonderheit gibt es beim Paketversand. Bis 1 kg Gewicht kann man Gegenstände als *Päckchen* schicken. Werden leichtere Sachen verschickt, benutzt man selbstgenähte Leinensäcke. Diese werden erst auf dem Postamt verschlossen und versiegelt. Handelt es sich um schwere Dinge oder Lebensmittel, werden Holzkisten verwendet, die ebenfalls erst auf dem Postamt verschlossen und mehrfach versiegelt werden.
Pakete werden nicht zugestellt. Man bekommt eine Benachrichtigung vom Postamt und muß sich das Paket dort abholen.
Man kann auf der Post außer *Briefmarken* auch *Briefumschläge*, z. T. mit schon aufgedruckten Briefmarken, sowie *Ansichtskarten* in großer Auswahl kaufen. Für Briefe ins Ausland gibt es spezielle Umschläge, auf denen die Kennziffer „500" für einen *Auslandsbrief* bereits vorgedruckt ist.
Einen Brief nach Rußland müssen Sie anders als gewohnt adressieren: zuerst werden Land und Stadt (mit *Postleitzahl*) genannt, dann die Straße mit Haus- und Wohnungsnummer und in der untersten Zeile erst der *Empfänger*. Dessen Name steht im Dativ; die Frage „wem" = кому ist oft schon auf den russischen Umschlägen vorgedruckt. Der russische *Absender* gibt seine Adresse in gleicher Reihenfolge an.

междугоро́дная / междунаро́дная ста́нция связь
почто́вый слу́жащий
телефо́н-автома́т

бандеро́ль

посы́лки

почто́вые ма́рки
конве́рты
откры́тки с ви́дами

междунаро́дное письмо́

почто́вый и́ндекс

получа́тель

отправи́тель

Abkürzungen bei Adressenangaben	
бул.	бульва́р
г.	го́род
д.	дом
кв.	кварти́ра
корп.	ко́рпус
пл.	пло́щадь
пр.	проспе́кт
ул.	у́лица
ш.	шоссе́

Уро́к 10

Уче́нье – путь к уме́нью

Уро́к 10

1

– Алекса́ндр Влади́мирович, э́то вы? Я вас давно́ не ви́дел.
– Да, я то́лько в суббо́ту верну́лся из о́тпуска и сего́дня вот уже́ четвёртый день рабо́таю. А вы когда́ бы́ли в после́дний раз в о́тпуске?
– Два ме́сяца наза́д.
– Вы куда́-нибудь е́здили?
– Да, две неде́ли я был с семьёй на мо́ре, а остально́е вре́мя мы провели́ на да́че.
– Я и не зна́л, что у вас есть да́ча. Давно́ вы её купи́ли?
– Да нет, неда́вно. А вы не хоти́те прие́хать к нам с жено́й в воскресе́нье? Посмо́трите да́чу и отдохнёте.
– Э́то прекра́сная иде́я. Мы прие́дем обяза́тельно.

Übung 1

Расскажи́те, как э́ти две семьи́ провели́ воскресе́нье на да́че.

2

– Са́ша, от кого́ ты получи́л письмо́?
– От Жане́т.
– А кто э́то?
– С Жане́т я познако́мился во Фра́нции, где я был пять ме́сяцев наза́д. Я е́здил с кла́ссом в Пари́ж. Нас пригласи́ли францу́зские шко́льники, кото́рые у́чат ру́сский язы́к. Кста́ти, че́рез год они́ хотя́т прие́хать к нам в Росси́ю.
– А на чём вы е́здили в столи́цу Фра́нции?
– На по́езде.

Уро́к 10

Übung 2

Setzen Sie das Gespräch fort, indem Sie folgende Fragen stellen und beantworten!

– Worüber schreibt Jeanette?
– Hast du die ganze Zeit in einer Familie gelebt?
– Ist Paris eine alte Stadt? Weißt du, wie alt sie ist?
– Welche Eindrücke habt ihr von Paris?
– Habt ihr auch Ansichtskarten nach Hause/ nach Rußland geschickt?
– Hast du mit Jeanette französisch oder russisch gesprochen?
– Erzähle mir noch etwas über Frankreich!
– Zeige mir die Ansichtskarten, die deine Eltern aus Paris erhalten haben!

Übung 3

У Са́ши четвёртый день кани́кулы. Расскажи́те, что Са́ша де́лал вчера́!

3

– Пожа́луйста, что вы хоти́те?
– Бу́дьте добры́, покажи́те мне э́то кра́сное пла́тье.
– А како́й разме́р вам ну́жен?
– Со́рок шесто́й.
– Примеря́ть бу́дете?
– Да, обяза́тельно.
– Сюда́, пожа́луйста.

– А где большо́е зе́ркало?
– Вот оно́. Я счита́ю, что пла́тье вам о́чень идёт.
– То есть вы сове́туете мне его́ купи́ть. Ско́лько же оно́ сто́ит?
– Три́ста рубле́й шестьдеся́т копе́ек.
– Э́то, коне́чно, до́рого... Но я всё же куплю́ его́, потому́ что оно́ мне нра́вится.

Übung 4

Begründen Sie, warum Sie das Kleid nicht kaufen werden!

– Nein, dieses Kleid steht mir nicht.
– Nein, diese Farbe gefällt mir nicht. Ich mag Blau und Weiß.
– Nein, so ein Kleid habe ich schon.
– Nein, das Kleid ist sehr teuer.
– Nein, ich werde kein Kleid kaufen. Ich kaufe einen Rock und eine Bluse.

Разгово́р на скаме́йке

Мари́я Миха́йловна живёт в Во́логде, почти́ в це́нтре го́рода в до́ме № 27. О́коло до́ма двор. Во дворе́ расту́т дере́вья и здесь же, ря́дом, стоя́т две скаме́йки. Тут она́ встреча́ется с сосе́дями. Обы́чно э́то стару́шки, кото́рые по́сле обе́да прихо́дят во двор послу́шать, о чём говоря́т.

Сего́дня Мари́я Миха́йловна уви́дела на скаме́йке незнако́мую же́нщину и реши́ла подойти́ и познако́миться.

– До́брый день!
– Здра́вствуйте!
– Я Мари́я Миха́йловна. А вы, наве́рно, неда́вно сюда́ прие́хали? Я пе́рвый раз ви́жу вас у нас во дворе́.
– Нет, я уже́ была́ здесь вме́сте с му́жем, но ка́ждый раз то́лько три-четы́ре дня. Меня́ зову́т Наде́жда Миха́йловна. Я мать О́льги Плетнёвой и прие́хала из дере́вни.
– О́льгу Серге́евну я зна́ю. Она́, по-мо́ему, рабо́тает в апте́ке, а её муж – строи́тель.
– Да, да. Э́то моя́ дочь.
– Так вы из дере́вни. А в го́роде жить не хоти́те?
– Нет. Я уже́ пятьдеся́т лет живу́ в дере́вне. Там ходи́ла в шко́лу, рабо́тала, познако́милась с му́жем. Там вы́росли де́ти, а по́сле шко́лы прие́хали учи́ться сюда́, в го́род. Так здесь и оста́лись. У до́чери тепе́рь двухко́мнатная кварти́ра. В кварти́ре холо́дная и горя́чая вода́, отопле́ние, телефо́н. И лифт в до́ме есть. Им нра́вится. А я не хочу́ жить в го́роде.
– А вну́ки у вас есть?
– Да, Алёше во́семь лет, а Ко́ле – четы́ре го́да.
– Ну, а дере́вня-то ва́ша больша́я?
– Была́ больша́я. Тепе́рь оста́лось четы́рнадцать-пятна́дцать семе́й. Почти́ все ста́рые лю́ди. Молодёжь сейча́с не хо́чет остава́ться в дере́вне. Они́ говоря́т, что им на́до рабо́тать. А рабо́ту найти́ в го́роде не так тру́дно, как в дере́вне. К тому́ же, здесь всё ря́дом: остано́вка авто́буса, по́чта, шко́ла, парк, теа́тр, да́же це́рковь есть.
– Муж ваш ещё рабо́тает?

– Нет, он второ́й год на пе́нсии, а я седьмо́й.
– А дома́шние живо́тные у вас есть?
– Ко́шка, соба́ка, да де́сять кур – э́то всё хозя́йство. Ста́рые мы уже́.
– Де́ти-то, наве́рно, лю́бят приезжа́ть к вам в го́сти?
– Да, они́ обы́чно приезжа́ют во вре́мя о́тпуска. Нужна́ по́мощь – то́же вспомина́ют де́душку и ба́бушку. Вот неде́лю наза́д прие́хала дочь. Сообщи́ла, что с вну́ком случи́лась беда́. Он игра́л во дворе́, упа́л и слома́л но́гу. В больни́це он был две неде́ли, а тепе́рь до́ма и им о́чень нужна́ ба́бушка. Поэ́тому я и здесь. Дочь то́лько получи́ла рабо́ту и бои́тся её потеря́ть. Ой, что́-то я засиде́лась. Уже́ пять часо́в. Мне на́до гото́вить у́жин вну́ку. О́чень прия́тно бы́ло познако́миться.
– Как жаль, что вы спеши́те. До свида́ния. Мо́жет, ещё уви́димся у нас во дворе́.

Übung 5

a)

Расскажи́те о Мари́и Миха́йловне.
Что вы тепе́рь зна́ете о семье́ Наде́жды Миха́йловны?
Кака́я кварти́ра у до́чери Наде́жды Миха́йловны?
Почему́ Наде́жде Миха́йловне нра́вится жить в дере́вне?
Что случи́лось с вну́ком Наде́жды Миха́йловны?
Почему́ Наде́жда Миха́йловна помога́ет до́чери?

b)

А где вы живёте? Вы хоти́те жить в дере́вне и́ли в го́роде?
А вы встреча́етесь во дворе́ с сосе́дями? О чём вы обы́чно говори́те?
Расскажи́те, кака́я у вас кварти́ра.
Расскажи́те, кто ещё живёт в до́ме.

Übung 6

a) Hören Sie den Text von der Kassette!

b) Beantworten Sie folgende Fragen!

Отку́да прие́хали музыка́нты?
Э́то молоды́е музыка́нты? Ско́лько им лет?
На чём они́ игра́ли?
Как зову́т журнали́ста, кото́рый взял интервью́?
Ско́лько интервью́ он взял?
Каки́е впечатле́ния у слу́шателей от конце́рта?
Что музыка́нт из Ита́лии сказа́л о москвича́х?

Как ча́сто вы хо́дите на конце́рт?
Вам нра́вится класси́ческая му́зыка?

Уро́к 11

Путеше́ствие

Уро́к 11

1

– Андре́й, здра́вствуй! Ты то́же здесь?
– Здра́вствуй, Воло́дя! Я пригласи́л друзе́й из Герма́нии. Ну́жно показа́ть им интере́сные ру́сские города́. Хочу́ узна́ть в бюро́, куда́ я могу́ с ни́ми пое́хать.
– Послу́шай, че́рез ме́сяц я е́ду с большо́й гру́ппой тури́стов в Москву́. Хо́чешь вме́сте с на́ми соверши́ть путеше́ствие по Золото́му кольцу́ Росси́и? Обеща́ю: вы бу́дете о́чень дово́льны э́той интере́сной пое́здкой. Э́то путеше́ствие в исто́рию Росси́и.
– Кака́я уда́ча!
– Приходи́ ко мне́ за́втра в полови́не шесто́го, е́сли вы реши́те е́хать с на́ми.
– Обяза́тельно приду́! До за́втра.

	Nominativ	Instrumental
m	но́вый, си́ний стол	но́вым, си́ним столо́м
n	но́вое, си́нее кре́сло	но́вым, си́ним кре́слом
f	но́вая, си́няя ла́мпа	но́вой, си́ней ла́мпой
Pl.	но́вые, си́ние карандаши́	но́выми, си́ними карандаша́ми

дово́лен	**кем? чем?**	Он **дово́лен** но́вой кварти́рой.
встре́титься	**с кем? с чем?**	Он **встре́тился с** неме́цкими друзья́ми.

Übung 1

Sie erwarten Besuch aus Rußland. Wie bereiten Sie sich darauf vor? Verwenden Sie die Wörter Бюро́ путеше́ствий и экску́рсий, пое́здка, тури́ст, путеше́ствие, гру́ппа.

2

– Так, я всё взял? Чемода́н с мои́ми ли́чными веща́ми здесь. Кошелёк с деньга́ми то́же зде́сь. Фотоаппара́т…вот он. Ку́ртка, брю́ки, руба́шка, полоте́нце. Всё здесь.
– Не всё! Ты забы́л свой па́спорт.
– Действи́тельно! И биле́т на по́езд то́же забы́л. Вот он, сла́ва Бо́гу, в па́спорте.
– Когда́ отправля́ется твой по́езд?

– В полови́не деся́того. А прибывáет в Москвý зáвтра ýтром.
– Ты éдешь в спáльном вагóне?
– Конéчно. Вагóн трéтий, мéсто деся́тое.
– А твои́ друзья́ прилетя́т самолётом?
– Да. Они́ зáвтра вылетáют вторы́м рéйсом из Фрáнкфурта и прилетáют в аэропóрт Шеремéтьево. Они́ бýдут летéть часá два-три.

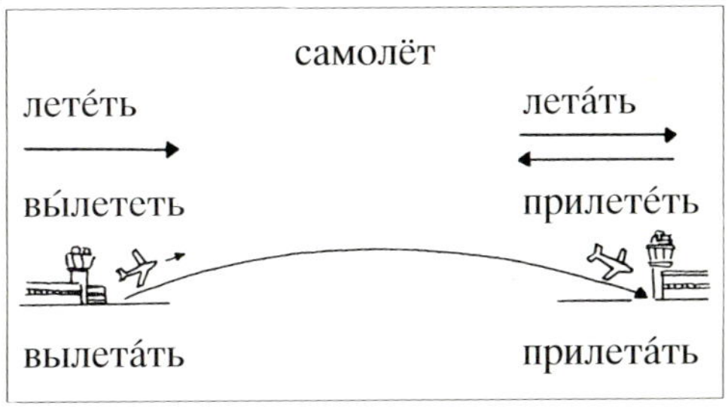

Самолёт из Москвы́ вылетáет в 14 часóв 40 минýт.
Он прилетáет во Фрáнкфурт на Мáйне чéрез 3 часá.

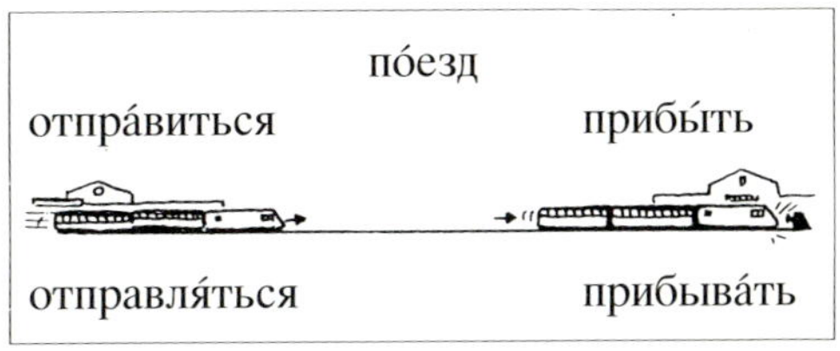

Пóезд из Москвы́ отправля́ется в 19 часóв 30 минýт.
Он прибывáет в Петербýрг в 8 часóв утрá.

Reflexives Possessivpronomen свой	
— **своегó** **своемý** **свой / своегó** **свои́м** **своём**	Он **взял не свой пáспорт,** он **взял егó пáспорт.**

Übung 2

Sie haben Ihren Koffer gepackt.
Что вы взя́ли?
Что вы забы́ли взять?

3

– Лари́са, здра́вствуй! Э́то я, Андре́й.
– Андре́й! Ты уже́ в Москве́?
– Да. Я звоню́ из гости́ницы Росси́я, пря́мо из но́мера. Но́мер у меня́ о́чень хоро́ший: отде́льный, с ва́нной, телефо́ном и с ви́дом на пло́щадь. Ведь гости́ница нахо́дится ря́дом с Кра́сной пло́щадью.
– А где живу́т твои́ друзья́?
– Им понра́вился большо́й но́мер на двои́х и они́ хотя́т жить вме́сте.
– А что вы бу́дете сейча́с де́лать?
– Сейча́с мы сдади́м ключи́ и пойдём на экску́рсию. Нам нра́вится здесь.
– Я о́чень ра́да. Приве́т друзья́м.
– Спаси́бо. Тебе́ то́же от них приве́т.

Nominativ Plural	Dativ Plural
дом**а́**	дом**а́м**
кни́г**и**	кни́г**ам**
о́кн**а**	о́кн**ам**
музе́**и**	музе́**ям**
дере́вн**и**	деревн**я́м**
мор**я́**	мор**я́м**

Übung 3

Erzählen Sie über Ihren Sommerurlaub. Verwenden Sie folgende Wörter und Ausdrücke:

отдыха́ть на мо́ре; жить в гости́нице; отде́льный но́мер; но́мер на двои́х; дорого́й – недорого́й ; ма́ленький – большо́й; с телефо́ном – без телефо́на; с телеви́зором – без телеви́зора; с ку́хней – без ку́хни; с ви́дом на пло́щадь; с ви́дом на мо́ре

4

– Я вас слу́шаю.
– Мы хоти́м соверши́ть пое́здку по Золото́му кольцу́.
– Вам ну́жно в бюро́ путеше́ствий на у́лице Есе́нина.
– А как пройти́ на у́лицу Есе́нина?
– Пойдёте пря́мо и пе́рвая у́лица нале́во – Есе́нина.
– Спаси́бо. До свида́ния.

где?	Я живу́ **на** у́лиц**е** Пу́шкина.
куда́?	Я иду́ **на** у́лиц**у** Пу́шкина.

5

– Пе́ред ва́ми ка́рта на́шего маршру́та. Пе́рвый го́род – Влади́мир. Он нахо́дится ме́жду Москво́й и Су́здалем.

Übung 4

Fragen Sie die Kursteilnehmer, wer wo sitzt. Beispiel:

– Где ты сиди́шь?
– Я сижу́ ме́жду Катари́ной и За́рой.
– А кто сиди́т ря́дом с За́рой?
– Ря́дом с За́рой сиди́т Макс.

Три дня из дневника́ тури́ста

Понеде́льник

Сего́дня у́тром я и мои́ неме́цкие друзья́ У́ве и Ма́ркус прие́хали в Росто́в. По́сле за́втрака мы посети́ли собо́р, кото́рый явля́ется архитекту́рным па́мятником. Ме́жду обе́дом и у́жином мы гуля́ли по у́лицам го́рода. Ве́чером на пло́щади пе́ред гости́ницей мы познако́мились с ру́сскими студе́нтами и до́лго разгова́ривали с ни́ми.

– Вы прие́хали из Герма́нии? – спроси́ли студе́нты У́ве и Ма́ркуса.
– Да, мы живём во Фра́нкфурте на Ма́йне. Но в Герма́нии есть ещё оди́н Фра́нкфурт – на О́дере.
– А в Росси́и – два Росто́ва. Э́то Росто́в Вели́кий и Росто́в на Дону́. Мы из Росто́ва на Дону́. Интере́сно, пра́вда? В Герма́нии два Фра́нкфурта, а в Росси́и два Росто́ва.

Среда́

Susdal, St. Nikolajkirche und Weihnachtskathedrale

Сего́дня мы в Су́здале. Мы любу́емся э́тим го́родом-музе́ем с его́ краси́вым кремлём и церква́ми. Их зде́сь три́дцать пять. Ме́жду Влади́миром и Су́здалем нахо́дится знамени́тая це́рковь, кото́рую мы посети́ли. Она́ стои́т здесь уже́ во́семь веко́в. Я зна́ю, что в Герма́нии мно́го ста́рых церкве́й. Ма́ркус рассказа́л нам, что жи́тели Кёльна, наприме́р, горди́тся свои́м собо́ром. Го́род знамени́т та́кже свои́ми церква́ми. Вме́сте с тури́стами слу́шал его́ и наш экскурсово́д.

Суббо́та

У́ве и Ма́ркус о́чень дово́льны на́шим путеше́ствием. Но пора́ домо́й. Их по́езд отхо́дит че́рез два часа́. Он уже́ стои́т у второ́й платфо́рмы. А я, е́сли куплю́ биле́т, вы́лечу пе́рвым самолётом. Когда́ я прилечу́ домо́й, я, как всегда́, скажу́: "В гостя́х хорошо́, а до́ма лу́чше".

Kurzform des Adjektivs	
Э́то знамени́тый собо́р. Он уе́хал дово́льный.	Го́род **знамени́т** свои́ми церква́ми. Он **дово́лен** э́той пое́здкой.

Übung 5

Erzählen Sie von Ihrer letzten Sommerreise.

Übung 6

Unterhalten Sie sich darüber, wo Sie den nächsten Urlaub verbringen möcht Machen Sie sich kurze Notizen über Ihr Reiseziel, sammeln Sie Informatione und packen Sie Ihre Koffer!

В гостя́х хорошо́, а до́ма лу́чше

ЛК

Auf den Spuren des alten Rußland

Viele interessante und denkwürdige Stätten bieten sich als Etappenziele einer *Reiseroute* durch den europäischen Teil Rußlands, durch *Sibirien* und den *Fernen Osten* an.

маршру́т

Сиби́рь
Да́льний Восто́к
турне́

Eine der bekanntesten *Rundreisen* ist der „Goldene Ring", der durch die alten Städte Wladimir, Susdal, Kostroma, Jaroslawl, Rostow, Pereslawl-Salesskij und Sergijew Posad (vormals Sagorsk) führt. In diesen Städten, die allesamt berühmte Baudenkmäler beherbergen, spiegelt sich die Geschichte Rußlands in einzigartigen *Kulturdenkmälern* und historischen Schätzen wider.

па́мятники культу́ры

Am häufigsten besuchen Touristen die Stadt Sergijew Posad. Sie ist nach dem *Mönch* Sergius von Radonesch benannt, der als außergewöhnlich kluger Mann galt. 1340 gründete er das berühmte *Dreifaltigkeitskloster*, das bis heute ein *Wallfahrtsort* für die gläubigen Russen geblieben ist. Sergius setzte sich tatkräftig für ein vereintes Rußland ein und unterstützte den Kampf gegen die tatarisch-mongolischen Horden, die zu jener Zeit die politisch noch nicht verbundenen russischen Städte und Fürstentümer bedrohten und ausbeuteten.

мона́х

Тро́ице-Се́ргиева Ла́вра
ме́сто пало́мничества

Auf *Ikonen, Fresken,* Miniaturbildern und Stickereien sind viele Darstellungen des heiligen Sergius von Radonesch erhalten geblieben. Unter seinen Schülern, die in seiner Nachfolge zahlreiche Klöster gründeten, war auch der berühmte Ikonenmaler Andrej Rubljow, der heutzutage dank eines eindrucksvollen Spielfilms des russischen Kultregisseurs Tarkowskij auch in Westeuropa sehr bekannt ist. Rubljows Ikone *„Dreifaltigkeit"*, die ursprünglich die Ikonenwand des gleichnamigen Klosters in Sergijew Posad schmückte, kann man heute in der Tretjakow-Galerie in Moskau bewundern.

ико́ны фре́ски

Тро́ица

Уро́к 12

Поздравля́ю с пра́здником!

1

– Здра́вствуйте, вам заказно́е письмо́.
– Здра́вствуйте. Я здесь не живу́. Э́та кварти́ра – моего́ отца́, и э́то письмо́ – моему́ отцу́. Но его́ сейча́с нет до́ма и сего́дня не бу́дет.
– А вы мо́жете сказа́ть ва́шему отцу́, что ему́ письмо́?
– Нет, но я бу́ду здесь за́втра и отда́м ему́ письмо́. Ду́маю, там нет ва́жных изве́стий. На́ши родны́е, наве́рное, поздравля́ют его́ с пра́здником. Ведь ско́ро Но́вый год.

Мой оте́ц

Мой оте́ц – учи́тель.
Э́то кни́га **моего́ отца́.**
К **моему́ отцу́** пришли́ го́сти.
Я уви́дел **своего́ отца́** на у́лице.
Сего́дня я обе́даю со **свои́м отцо́м**.
Расскажи́ мне о **моём отце́**!

– Моего́ отца́ нет до́ма.
– И вчера́ его́ то́же не́ было?
– Нет, не́ было.
– А за́втра он бу́дет до́ма?
– Нет, за́втра его́ то́же не бу́дет до́ма.

Мой родны́е ча́сто пи́шут мне пи́сьма.
Пи́сьма **мои́х родны́х** лежа́т на столе́.

–	его́ нет	его́ не́ было	его́ не бу́дет

Übung 1

Zeigen Sie in Ihrem Kurs Bilder von Ihrem Vater aus dem Familienalbum und kommentieren Sie sie.

Beispiel: **Мой оте́ц** – музыка́нт.
Э́то соба́ка **моего́ отца́**.

Übung 2

Sie möchten mit Ihrer Freundin ins Theater gehen und waren deswegen an der Theaterkasse. Die Vorstellung ist seit Wochen ausverkauft, und Sie haben keine Karten mehr bekommen. Und nun kommen noch die Fragen der Freundin, die man enttäuschen muß. Sprechen Sie in den Pausen.

2

– Ви́ктор, э́то у тебя́ кака́я газе́та?
– Э́то “Изве́стия”.
– А где в Москве́ нахо́дится реда́кция “Изве́стий”?
– Зда́ние реда́кции нахо́дится на Пу́шкинской пло́щади. Э́то – ста́нция метро́ “Пу́шкинская”. А что тебя́ интересу́ет?
– Хочу́ узна́ть, ско́лько у них чита́телей и как реда́кция отно́сится к пи́сьмам чита́телей.
– Ты мо́жешь им позвони́ть и́ли написа́ть. Не забу́дь поздра́вить их с Рождество́м и пожела́ть им счастли́вого но́вого го́да. Ведь ско́ро пра́здник.
– Хорошо́. Я э́то сде́лаю за́втра. Тебя́ я то́же поздравля́ю и жела́ю тебе́ всего́ хоро́шего в но́вом году́.

зда́ние	ста́нция
Plural	
зда́ни**я**	ста́нци**и**
зда́ни**й**	ста́нци**й**
зда́ни**ям**	ста́нци**ям**
зда́ни**я**	ста́нци**и**
зда́ни**ями**	ста́нци**ями**
зда́ни**ях**	ста́нци**ях**

3

– Здра́вствуйте. Петро́в. Почему́ вы не останови́лись на кра́сный свет?
– Извини́те. У меня́ в маши́не сидя́т мои́ шко́льные това́рищи. Я их не ви́дел мно́го ме́сяцев. Они́ прие́хали ко мне́ встреча́ть Но́вый год. Мы разгова́ривали, и я не останови́лся на жёлтый свет. Не на кра́сный, а на жёлтый.
– Е́хать мо́жно то́лько на зелёный свет. Здесь мно́го маши́н, трамва́ев, люде́й. Ведь ско́ро пра́здник. Да́же ве́чером на у́лице мно́го дете́й. Так е́здить нельзя́. Плати́те штраф!
– Ско́лько?
– Две́сти рубле́й.
– У меня́ нет де́нег.
– А у ва́ших това́рищей?…
– Вот, пожа́луйста.

Plural-Sonderfälle						
Nom.	лю́ди	де́ньги	това́рищи	трамва́и	ме́сяцы	де́ти
Gen.	люде́й	де́нег	това́рищей	трамва́ев	ме́сяцев	дете́й

Übung 3

Sie wohnen in einem Hochhaus im obersten Stock. Erzählen Sie, was Sie aus Ihrem Fenster sehen. Beispiel: Я ви́жу мно́го домо́в.

маши́ны, трамва́и, лю́ди, де́ти, о́кна, авто́бусы, пло́щади, у́лицы, зда́ния

4

– Извини́те, э́то кака́я пло́щадь?
– Пу́шкинская.
– А как пройти́ к Кра́сной пло́щади?
– Иди́те пря́мо по Тверско́й у́лице. Э́то центра́льная у́лица в Москве́. Сле́ва от Кремля́ уви́дите Кра́сную пло́щадь. Спра́ва – Мане́жная пло́щадь. Там сейча́с стои́т новогодняя ёлка.
– А како́е зда́ние нахо́дится у нача́ла Тверско́й у́лицы?
– Э́то Истори́ческий музе́й. В Москве́ мно́го интере́сных музе́ев.
– А где нахо́дится Бороди́нское по́ле?
– Вас интересу́ет Наполео́н и ру́сско-францу́зская война́?
– Да.
– Э́то далеко́. К Бороди́нскому по́лю ну́жно е́хать не́сколько часо́в. Зимо́й там мно́го сне́га.

Nom.	Э́то изве́стн**ый** го́род. Там есть истори́ческий музе́й.	В програ́мме на́шего путеше́ствия – изве́стн**ые** города́ и истори́ческ**ие** музе́и.
Dat.	Па́мятник отда́ли изве́стн**ому** го́роду, а карти́ны – его́ истори́ческ**ому** музе́ю.	Как вы отно́ситесь к э́тим изве́стн**ым** города́м и их истори́ческ**им** музе́ям?
Akk.	Вы посети́те изве́стн**ый** го́род и его́ истори́ческ**ий** музе́й.	Мы посети́ли изве́стн**ые** города́ и истори́ческ**ие** музе́и.

5

– Како́е сего́дня число́?
– Сего́дня два́дцать пя́тое декабря́.
– Мне ну́жно позвони́ть в неме́цкое посо́льство и́ли пое́хать туда́. Ведь я ско́ро е́ду в Герма́нию и мне нужна́ ви́за.
– Два́дцать пя́того декабря́ посо́льство не рабо́тает. У них рожде́ственские пра́здники.

Како́е сего́дня число́?	**Два́дцать пя́тое декабря́.**
Когда́ / како́го числа́ в Герма́нии Рождество́?	**Два́дцать пя́того и два́дцать шесто́го декабря́.**

Übung 4

Fragen Sie Ihre Kursnachbarn, wann sie das letztemal ihre Eltern, Kinder, Großeltern, Tanten, Onkel oder Freunde besucht haben!

Beispiel: – Когда́ ты был у свои́х роди́телей? – Второ́го января́.

Übung 5

Fragen Sie sich untereinander nach dem Datum! Verwenden Sie вчера́, сего́дня, за́втра!

Когда́ же в Росси́и Рождество́?

Сего́дня 24 декабря́. Ка́тя сиди́т на дива́не и чита́ет “Изве́стия”. Она́ слы́шит звоно́к. Ка́тя ду́мает, что прие́хал оте́ц. Его́ так давно́ не́ было до́ма. Она́ идёт к две́ри и открыва́ет её. Но что э́то? Ка́тя ви́дит большу́ю зелёную ёлку и бе́лого Де́да Моро́за. Нет, э́то не Дед Моро́з, э́то господи́н Шмидт. Он весь в снегу́.
– Здра́вствуйте, – говори́т господи́н Шмидт. – Я шёл пешко́м. На у́лице идёт си́льный снег и тра́нспорт не хо́дит. Трамва́ев совсе́м нет, такси́ то́же.
Ка́тя помога́ет го́стю снять пальто́. – Ах, господи́н Шмидт, почему́ вы не позвони́ли? – У меня́ нет телефо́на. И ещё я хоте́л сде́лать сюрпри́з к пра́зднику. – К како́му пра́зднику? – Как к како́му? К Рождеству́! Я посети́л мно́го ра́зных краёв и стран, но я пе́рвый раз в декабре́ в Росси́и.
Ка́тя смеётся: – У Вас, наве́рное, нет ру́сского календаря́. Ру́сское Рождество́ – седьмо́го января́. А ру́сский Но́вый год – трина́дцатого января́. В э́тот день мы пра́зднуем “ста́рый Но́вый год”. Ну, хорошо́, господи́н Шмидт. Я приглашу́ за́втра не́сколько шко́льных това́рищей. Шампа́нское у меня́ есть, и мы бу́дем пра́здновать неме́цкое Рождество́. Поздравля́ю вас с пра́здником!

Übung 6

Übersetzen Sie die Fragen und lassen Sie einen anderen Kursteilnehmer die Antwort geben!

1. Was macht Katja?
2. Was sieht Katja?
3. Warum ging Herr Schmidt zu Fuß?
4. Warum hat Herr Schmidt nicht angerufen?
5. Wann ist russische Weihnacht?
6. Wen möchte Katja morgen einladen?
7. Was werden sie tun?

Übung 7

Fragen Sie einen Kursteilnehmer, ob er in diesem Jahr schon Geburtstag hatte. Führen Sie anschließend mit ihm ein Gespräch; verwenden Sie die passenden Fragen und Antworten!

У тебя́ в э́том году́ уже́ был день рожде́ния?

Да, был.

Когда́?

Нет, не́ было.

Пе́рвого ноября́.

Поздравля́ю тебя́ с днём рожде́ния.

А когда́ бу́дет?

Übung 8

Schreiben Sie eine Grußkarte an Ihre russischen Freunde!

Не с деньга́ми жить, а с до́брыми людьми́

Weihnachten und Neujahr in Rußland

Weihnachten und Neujahr sind die beliebtesten Feiertage in Rußland. Als Europa im 16. Jahrhundert vom julianischen zum gregorianischen Kalender hinüberwechselte, blieben die *russische orthodoxe Kirche* und

ру́сская правосла́вная це́рковь

somit auch Rußland bei der alten Zeitrechnung. Alle Festtage wurden weiterhin nach dem julianischen Kalender gefeiert. Da die Zahl der Schaltjahre im gregorianischen und julianischen Kalender verschieden berechnet wird, entsteht ein Zeitunterschied, der von Jahrhundert zu Jahrhundert zunimmt. Die russische orthodoxe Kirche blieb bei der julianischen Zeitrechnung. Das führte dazu, daß es in Rußland zweimal Neujahr gibt: in der Nacht vom 31.12. zum 1.1. als öffentliches Fest, begleitet von zwei arbeitsfreien Tagen am 1. und 2.Januar, und in der Nacht vom 13.1. zum 14.1. als Fest der russischen orthodoxen Kirche.

Weihnachten wird in Rußland in Einklang mit der Kirche nach dem julianischen Kalender am 7. Januar gefeiert.

Im 20. Jahrhundert war die Kirche in Rußland über 7 Jahrzehnte lang vom Staat getrennt. Da der Staat keine kirchlichen Feste anerkannte, hat das Neujahrsfest die Merkmale der beiden Feiertage in sich vereint. Und obwohl seit 1991 in Rußland der 7. Januar wieder arbeitsfrei ist, treibt man an diesem Tag in Rußland viel weniger Aufwand als in Deutschland.

Zum Neujahrs- und Weihnachtsfest gehört ein *Tannenbaum*, der mit bunten Glaskugeln, Spielzeugen, in Folie gewickelten Nüssen und Pralinen geschmückt wird. Vor dem Tannenbaum stellt man häufig Puppen auf, die *Väterchen Frost* und seine Enkelin *Snegurotschka* verkörpern.

ёлка

Дед Моро́з
Снегу́рочка

Der Jahreswechsel wird in der Nacht gefeiert. Ein spezielles Neujahrsessen gibt es nicht; es wird eben das Beste aufgetragen, was im Moment da ist. Eine große Bedeutung kommt den *Trinksprüchen* zu. Mit einem Trinkspruch heißt man Gäste willkommen, damit bedankt man sich auch bei den Gastgebern. In der Neujahrsnacht verabschiedet man kurz vor Mitternacht mit einem Glas Sekt das alte Jahr und stößt auf ein gesundes und fröhliches neues Jahr an – genau wie in Deutschland.

тост

Neujahr ist ein Fest der gegenseitigen Bescherung. Die findet meistens am Morgen des 1. Januar statt, wenn die Familie die Gaben von Väterchen Frost unter dem Tannenbaum hervorholt.

Уро́к 13

Приро́да и мы

Уро́к 13

1

– Де́душка, а что тако́е окружа́ющая среда́?
– Э́то то, что тепе́рь ну́жно охраня́ть.
– А ра́ньше окружа́ющая среда́ была́?
– Нет, не́ было.
– А что бы́ло?
– Ра́ньше была́ приро́да.

2

"Охра́на окружа́ющей среды́"

– Де́душка, ты в како́м году́ роди́лся?
– В ты́сяча девятьсо́т трина́дцатом году́.
– Тогда́ бы́ло хорошо́?
– Хорошо́. Ле́том бы́ло осо́бенно хорошо́. Во́здух был чи́стый.
– А тепе́рь како́й?
– Тепе́рь загрязнённый.
– Почему́?
– Ра́ньше все е́здили на лошадя́х, а тепе́рь все е́здят на маши́нах.

Весна́
Когда́? – Весно́й.

Ле́то
Когда́? – Ле́том.

О́сень
Когда́? – О́сенью.

Зима́
Когда́? – Зимо́й.

Übung 1

Fragen Sie die Kursteilnehmer nach ihrem Geburtsjahr!

Übung 2

a) *На чём вы обы́чно е́здите на ра́боту / в шко́лу?*

b) *Почему́ сейча́с мно́гие лю́ди предпочита́ют велосипе́д?*

3

– Ба́бушка, ты живёшь в большо́й дере́вне?
– Нет, в ма́ленькой. В на́шей дере́вне то́лько пятна́дцать домо́в.
– Когда́ мне бу́дет шестьдеся́т лет, я то́же бу́ду жить в дере́вне. Расскажи́ мне что́-нибудь о твое́й дере́вне!

Nominativ	Präpositiv
на́ш**а** ма́леньк**ая** дере́вн**я**	в на́ш**ей** ма́леньк**ой** дере́вн**е**
наш больш**о́й** го́род	в на́ш**ем** больш**о́м** го́род**е**
мо**я́** пе́рв**ая** кни́г**а**	о мо**е́й** пе́рв**ой** кни́г**е**
мой пе́рв**ый** муж	о мо**ём** пе́рв**ом** му́ж**е**

Übung 3

Was möchten Sie von den anderen Kursteilnehmern gern wissen? Fordern Sie sie auf, darüber zu erzählen!

Расскажи́(те) мне о…
твой / ваш пе́рвый уро́к; твоя́ / ва́ша семья́; его́ роди́тели; на́ши ру́сские друзья́; э́тот но́вый студе́нт; прекра́сная приро́да Росси́и; новогóдний пра́здник в Москве́

4

– Де́душка, ты хоте́л бы быть молоды́м?
– Хоте́л бы.
– А что бы ты тогда́ де́лал?
– Я бы учи́лся. Зна́ния челове́ку о́чень нужны́.
– А почему́ ты ра́ньше не учи́лся?
– Не́ было возмо́жности. Не то́лько я, но и мой брат не мог учи́ться. Ну́жно бы́ло рабо́тать.

Übung 4

Lassen Sie uns zusammen in Fragen und Antworten von einer Reise nach Rußland träumen!
Beispiel:

– Ты хоте́л бы пое́хать в Росси́ю?
– Да, хоте́л бы.
– Когда́?
– Я бы пое́хал зимо́й. А ты?
– Я хоте́л бы пое́хать ле́том.
– А куда́?…

5

– Ви́тя, ты в како́м кла́ссе у́чишься?
– В восьмо́м. А ты?
– Я во второ́м. А у вас хи́мия есть?
– Есть.
– Нра́вится?
– Не люблю́ я э́той хи́мии. У нас её никто́ не лю́бит.
– Почему́? Ведь э́то интере́сно! Я хоте́л бы быть хи́миком.

Отцы́ и де́ти

Дед Ива́н живёт в Ни́жнем Но́вгороде на Во́лге. Ра́ньше он жил в ма́ленькой дере́вне. Тепе́рь э́той дере́вни нет. Там сейча́с иску́сственное мо́ре. А дед Ива́н живёт в большо́м го́роде. Там мно́го заво́дов, домо́в, маши́н. Но дед Ива́н хоте́л бы жить на приро́де – у ле́са и реки́. В го́роде он живёт со свои́м сы́ном. Когда́ у сы́на го́сти, дед идёт гуля́ть. Он не лю́бит шу́ма. Не то́лько сын, но и его́ знако́мые зна́ют э́то. И никто́ не обижа́ется на де́да.
Дед идёт в парк. Там у него́ есть друзья́. Они́ разгова́ривают о жи́зни, о приро́де, о свои́х де́тях. Степа́н Петро́вич, друг де́да Ива́на, ча́сто недово́лен.

– Эх, Ива́н, молодёжь сейча́с друга́я. Жи́зни не зна́ет. Старико́в не уважа́ет. Вот в 1913 (ты́сяча девятьсо́т трина́дцатом) году́… Тогда́, говоря́т, бы́ло хорошо́. Вода́ в ре́ках была́ чи́стая, незагрязнённая. Леса́ здоро́вые. Что тако́е кисло́тный дождь, ни́кто и не знал.
– Ну, Степа́н, э́то сли́шком. Во́лга сейча́с чи́стая. Ры́бы мно́го пла́вает. То́лько во́здух не о́чень хоро́ший, потому́ что мно́го маши́н.
– Не люблю́ я э́ти маши́ны. И совреме́нная молодёжь мне не о́чень нра́вится.
– Ну, молодёжь-то у нас хоро́шая: не то́лько рабо́тает, но и у́чится. А вну́ки!… Обо всём спра́шивают, всё хотя́т знать. Хоте́л бы им помо́чь, да нет возмо́жности: ма́ло учи́лся.
– И я бы им помо́г, да не хотя́т. Когда́ начина́ю о 1913 го́де расска́зывать, никто́ не слу́шает.

Übung 5

Übersetzen Sie und beantworten Sie die Fragen auf russisch!

1. Wo wohnt Großvater Iwan?
2. Wo hatte er gelebt?
3. Wo möchte Großvater Iwan gerne leben?
4. Was macht der Großvater, wenn sein Sohn Besuch hat?
5. Worüber redet der Großvater mit seinen Freunden?
6. Wie war früher das Wasser in den Flüssen?
7. Warum gefällt Iwans Freund die heutige Jugend nicht?
8. Warum liebt Iwan seine Enkelkinder?

Übung 6

Was stimmt nicht im Leben dieser alten Leute? Ist es nur die Umwelt? Nehmen Sie auf russisch Stellung dazu!

Ста́рость не ра́дость

Umweltschutz in Rußland

Das 20. Jahrhundert hat das traditionelle Antlitz Rußlands stark beeinflußt. Eine neue Einstellung zur eigenen Geschichte, zum Menschen und zur Schöpfung gab den Anstoß zu vielen Veränderungen. Besonders während der 30er bis 60er Jahre ließ man sich von dem Grundsatz leiten: "Мы не мо́жем ждать ми́лостей от приро́ды, взять их у неё – на́ша зада́ча", was auf deutsch etwa soviel bedeutet wie: „Wir können nicht auf die Gnade der Natur warten, unsere Aufgabe ist es, sie uns zu holen". Die Industrialisierung des Landes wurde stark vorangetrieben; den gestiegenen Energiebedarf hat man durch den Bau zahlreicher großer Wasserkraftwerke mit Staudämmen und Stauseen gedeckt. Solche Eingriffe blieben nicht ohne Folgen. In den Flüssen, die durch Staudämme gesperrt worden waren, ging der Fischbestand stark zurück. Die großen Industriegiganten an den Ufern der Flüsse und Seen verbrauchen immer mehr Wasser und verpesten die Luft. Sogar der

Baikalsee in Sibirien, das größte Reservoir für *Trinkwasser* in der Welt, bleibt von den *Abwässern* nicht verschont. Es kommt vor, daß Industriebetriebe in der Nähe der Naturschutzgebiete errichtet werden, wie das Erdgaswerk in Astrachan. Die Folge ist *saurer Regen*.
Die *Autoabgase* sind in Großstädten eine besonders große Belastung. „Führend" in diesem Bereich waren am Anfang der 90er Jahre Moskau und Petersburg.

Nach der Reaktorkatastrophe von *Tschernobyl* ist ein Teil des weißrussischen Territoriums für das Leben ungeeignet geworden; einige Regionen in Weißrußland, Rußland und der Ukraine sind *radioaktiv verseucht.*
Diese großen Ökosünden lassen immer mehr Menschen zu der Erkenntnis kommen, daß man die Natur nicht gewaltsam verändern darf. In besonders problematischen Regionen entstehen Bürgerinitiativen gegen unüberlegte Projekte, die versuchen, Sanierungen durchzusetzen. Der Umweltschutz tritt in Rußland immer mehr in den Vordergrund.

Байка́л питьева́я вода́
сто́чные во́ды

кисло́тный дождь
выхлопны́е га́зы

Черно́быль

подве́ргнуться радиоакти́вному зараже́нию

Уро́к 14

Во́лга-ма́тушка

Урок 14

1

– Андре́й, что ты де́лаешь?
– Реша́ю зада́чу.
– Каку́ю?
– Из Сара́това в А́страхань плывёт теплохо́д. Скажи́те, ско́лько часо́в бу́дет плыть теплохо́д.
Ско́рость теплохо́да – 20 киломе́тров в час.
Ско́рость реки́ – 5 киломе́тров в час.
Расстоя́ние ме́жду города́ми – 750 (семьсо́т пятьдеся́т) киломе́тров.
– Ну и как, реши́л?
– Да, э́то нетру́дная зада́ча.

Übung 1

Sehen Sie sich die Strecke von Moskau bis Astrachan an. Nennen Sie Städte, die zwischen Astrachan und Kasan liegen.

Übung 2

Formulieren Sie anhand der Landkarte Rechenaufgaben für die Kursteilnehmer. Bauen Sie diese nach folgendem Beispiel auf:

Из … в … плывёт теплохо́д.
Ско́рость теплохо́да ….
Ско́рость реки́ ….
Расстоя́ние ме́жду города́ми ….

Lassen Sie jemanden diese Aufgabe lösen!

2

– Ми́ша, сходи́, пожа́луйста, в магази́н, купи́ хле́ба, молока́, немно́го фру́ктов и кусо́к сы́ра.
– Ско́лько хле́ба и молока́?
– Мне ну́жно два ли́тра молока́ и оди́н бато́н хле́ба.
– А каки́х фру́ктов?
– Купи́ килогра́мм я́блок и оди́н арбу́з.
– Мо́жет быть, арбу́за не на́до? За́втра возвраща́ется па́па. Он обеща́л привезти́ арбу́з из А́страхани. В А́страхани осо́бенно вку́сные арбу́зы.
– Ну, хорошо́. Тогда́ купи́ одну́ ды́ню.

Übung 3

Was paßt zusammen?

ча́шка, стака́н, буты́лка, килогра́мм, кусо́к

вода́, я́блоки, чай, ко́фе, вино́, шампа́нское, колбаса́, сыр

Übung 4

Fragen Sie andere Kursteilnehmer nach ihren Wünschen.
Die Antworten können verneinend oder bejahend sein.
Beispiele:

– Хоти́те сы́ра? Спаси́бо, нет. Сы́ра я не хочу́.
Да, спаси́бо. Да́йте мне, пожа́луйста, оди́н кусо́к сы́ра.

молоко́, чай, бу́лочка, колбаса́, я́блоки, ко́фе, вода́, арбу́з, хлеб

3

– Ни́на, когда́ ты у́тром идёшь на рабо́ту?
– В полови́не восьмо́го.
– А прихо́дишь с рабо́ты?
– В шесть.
– А твой муж?
– Е́сли мой муж пошёл на рабо́ту,
то его́ нет не́сколько дней.
Он пла́вает на теплохо́де. Он капита́н.
– А де́ти весь день одни́ до́ма?
– Нет, с ба́бушкой. Поэ́тому я споко́йна.

куда́?	отку́да?
на по́чт**у**	**с** по́чт**ы**
в библиоте́к**у**	**из** библиоте́к**и**

Übung 5

Beschreiben Sie die üblichen Wege Ihrer Familienangehörigen.
Verwenden Sie die passenden Wortverbindungen:

на рабо́ту – с рабо́ты; на экску́рсию – с экску́рсии; на конце́рт – с конце́рта; в шко́лу – из шко́лы; в институ́т – из институ́та; в музе́й – из музе́я; в магази́н – из магази́на; в кино́ – из кино́

4

– Скажи́те, пожа́луйста, где мо́жно найти́ капита́на?
– Капита́н в свое́й каю́те.
– А где его́ каю́та?
– Напро́тив на́шей библиоте́ки.
– Э́то о́коло рестора́на?
– Да.
– А как он вы́глядит?
– Он высо́кого ро́ста. На нём костю́м и ту́фли бе́лого цве́та.
– Спаси́бо. Тепе́рь я его́ обяза́тельно найду́.

Übung 6

Beschreiben Sie Ihr Arbeitszimmer.

Beispiel: О́коло две́ри стои́т стол. Напро́тив стола́ виси́т ка́рта…

Übung 7

Beschreiben Sie einen Kursteilnehmer. Lassen Sie die anderen erraten, wen Sie meinen. Verwenden Sie die angeführten Satzteile.

Он/она́ … ро́ста.
На нём/ней костю́м (пла́тье, ю́бка, брю́ки, руба́шка, блу́зка) … цве́та.
У него́/неё ту́фли … цве́та.
У него́/неё пальто́ (ку́ртка) … цве́та.

5

– Извини́те, вы оди́н сиди́те за э́тим сто́ликом?
– Да.
– Разреши́те нам то́же сесть за э́тот сто́лик, так как свобо́дных мест бо́льше нет.
– Пожа́луйста, я бу́ду рад. И мне одному́ бу́дет не ску́чно. Вот меню́. Вы мо́жете заказа́ть обе́д на за́втра.
– Обе́дать в рестора́не мы за́втра не бу́дем. Мы днём пойдём на экску́рсию.
– Вы пойдёте одни́ и́ли с гру́ппой?
– С гру́ппой.
– Тогда́, я, наве́рное, то́же пойду́ на экску́рсию.

Сего́дня я весь день **сижу́ за** пи́сьменным **столо́м.**
Сядь за стол и вы́пей стака́н молока́!

мне ску́чно

мне ве́село

ей хо́лодно

ему́ жа́рко

На теплохо́де по Во́лге

Теплохо́д "Степа́н Ра́зин" пла́вает из Москвы́ в А́страхань и из А́страхани в Москву́. Э́то интере́сное путеше́ствие. Тури́сты во вре́мя э́того путеше́ствия мо́гут осмотре́ть мно́го городо́в. Кро́ме того́, на теплохо́де есть библиоте́ка, кинозა́л, рестора́н, видео-сало́н. В рестора́не тури́сты не то́лько обе́дают, но и расска́зывают о свои́х впечатле́ниях. Обе́д на теплохо́де зака́зывают зара́нее.

В меню́ не́сколько страни́ц. На пе́рвой страни́це – заку́ски, на второ́й – пе́рвые блю́да, пото́м – вторы́е блю́да. На после́дней страни́це – десе́рт и напи́тки.

Господи́н Шмидт немно́го опозда́л. За его́ сто́ликом уже́ сиди́т незнако́мый мужчи́на. Пе́ред ним – таре́лка су́па и стака́н минера́льной воды́. Он обе́дает.

– Прия́тного аппети́та. Шмидт.
– Спаси́бо. Моя́ фами́лия Ве́бер. Вы уже́ заказа́ли обе́д?
– Да, ещё вчера́. Я заказа́л на пе́рвое борщ, на второ́е – мя́со с карто́шкой, а на десе́рт - моро́женое.
– Вы в Герма́нии то́же зака́зываете на обе́д три блю́да?
– Нет. Но здесь едя́т на обе́д обы́чно пе́рвое, второ́е и тре́тье и я хочу́ узна́ть ру́сскую ку́хню. А вы, господи́н Ве́бер, отку́да? У вас неме́цкая фами́лия.
– По национа́льности я не́мец. Но я из Сара́това. Я там роди́лся и вы́рос.
– Ра́зве на Во́лге живу́т не́мцы?
– Да, и о́чень мно́го. Кро́ме того́, не́мцы живу́т на Украи́не, в Казахста́не… Они́ име́ют культу́рную автоно́мию.
– А в Крыму́ и на Кавка́зе не́мцы есть?
– О́чень ма́ло.
– А где осо́бенно мно́го не́мцев?

Господи́н Ве́бер смеётся:

– Я ду́маю, в Герма́нии.

Übung 8

Übersetzen Sie und beantworten Sie anschließend die Fragen.

1. Wo fährt das Schiff „Stepan Rasin"?
2. Wo können die Touristen essen?
3. Wo erzählen sie über ihre Eindrücke?
4. Wen sieht Herr Schmidt an seinem Tisch?
5. Was steht auf dem Tisch?
6. Woher kommt Herr Schmidt und woher Herr Weber?
7. Wo leben Rußlanddeutsche?
8. Wo gibt es besonders viele Deutsche?

Оди́н за всех, все за одного́

Die Wolga

Die Wolga ist einer der größten Ströme nicht nur in Rußland, sondern auch in der Welt. Sie nimmt ihren Anfang auf den *Waldaj-Höhen* und mündet 3530 km weiter in das *Kaspische Meer*. Die enorme Länge sowie die günstige geographische Lage haben schon im 8. Jahrhundert ihre Bedeutung als wichtiger Handelsweg geprägt. Die Städte, die an ihren Ufern entstanden, wa-

Валда́йская возвы́шенность Каспи́йское мо́ре

ren zum Teil auch Festungen, um russisches Territorium vor den *Nomaden* zu *verteidigen.* Ein Beispiel dafür ist die Stadt Saratow, die im 16. Jahrhundert als Festung am linken Ufer der Wolga gebaut wurde.

Nachdem *Iwan der Schreckliche* im 16. Jahrhundert die tatarischen *Khanate* Kasan und Astrachan erobert hatte, floß die Wolga von der Quelle bis zur Mündung auf russischem Gebiet.

Später war die Wolgaregion Schauplatz blutiger Bauernaufstände, die die Kosaken Stepan Rasin (17.Jh.) und Jemeljan Pugatschow (18. Jh.) anführten.

Im 18. Jahrhundert haben sich an der unteren Wolga Deutsche und Holländer niedergelassen, die die russischen Zaren ins Land geholt hatten. Sie haben zum Teil ihre Sprache und Bräuche erhalten, obwohl sie in ihrem Schicksal viel Leid erfahren mußten. Mit Beginn des 2. Weltkrieges wurden sie aus dieser Region umgesiedelt.

Im 20. Jahrhundert sind an der Wolga große Industriestädte, *Staudämme* und *Stauseen* entstanden.

1943 fand auf den Ufern der Wolga bei Stalingrad (heute Wolgograd) eine der größten Schlachten des 2. Weltkrieges statt.

Die Wolga hat nicht nur russische Geschichte mitgeprägt , sondern auch russische Mentalität. Sie ist in russische Volkslieder und Kultur eingegangen, wie in das Lied über den Rebellen Stepan Rasin, das die Weite der Steppen, die Kraft des Stroms und das russische Temperament zum Ausdruck bringt.

кочёвники
защища́ть

Ива́н Гро́зный
ха́нство

плоти́на водохрани́лище

Уро́к 15

Уче́нье – свет, а неуче́нье – тьма

1

– Счастли́вого пути́, господи́н Шмидт. Приезжа́йте к нам ещё раз.
– Спаси́бо. Мо́жет быть, в ма́рте и́ли апре́ле.
– Я вам сове́тую прие́хать в феврале́. Зимо́й в Росси́и о́чень интере́сно. Мно́го сне́га и о́чень краси́во. Пра́вда, быва́ет о́чень хо́лодно. В 1979 (ты́сяча девятьсо́т се́мьдесят девя́том) году́ в феврале́ бы́ло три́дцать пять гра́дусов моро́за. Но така́я температу́ра быва́ет ре́дко и я наде́юсь, что больши́х моро́зов не бу́дет.
– Но когда́ на у́лице ми́нус два́дцать, э́то то́же о́чень хо́лодно. В таку́ю пого́ду на у́лицу, наве́рное, ни́кто не выхо́дит.
– Да нет, выхо́дят. И да́же едя́т на у́лице моро́женое.

Übung 1

Расскажи́те, почему́ зимо́й в Росси́и интере́сно.

Übung 2

Когда́ вы хоте́ли бы пое́хать в Росси́ю? Почему́?

Übung 3

Пригласи́те своего́ ру́сского дру́га в го́сти в Герма́нию на Рождество́.

2

– Здра́вствуйте, господи́н Кузнецо́в. Вот я и прие́хал!
– Добро́ пожа́ловать, дорого́й господи́н Шмидт! Как вы дое́хали?
– Спаси́бо, хорошо́. В Берли́н я прилете́л на самолёте. Там сде́лал переса́дку и пое́хал да́льше на по́езде “Берли́н – Москва́”. Е́хать в спа́льном ваго́не удо́бно и интере́сно. Бага́ж не ну́жно бы́ло сдава́ть. Чемода́ны стоя́ли в моём же купе́. А из окна́ мо́жно мно́го уви́деть. Действи́тельно, в феврале́ на террито́рии Росси́и зима́.
– Вам бы́ло хо́лодно?

– Нет, жа́рко. Отопле́ние в на́шем ваго́не рабо́тало хорошо́. Вме́сте со мно́й е́хал оди́н африка́нец. Да́же ему́ не́ было хо́лодно!
– И что же вы де́лали?
– Ве́чером мы выпива́ли не́сколько стака́нов ча́я с са́харом и бесе́довали.
– О чём?
– О стра́нах тре́тьего ми́ра, об отноше́ниях ме́жду Се́вером и Ю́гом, За́падом и Восто́ком и об эколо́гии.
– И вы реши́ли все пробле́мы?
– Нет. Мы сли́шком бы́стро прие́хали.

Übung 4

Господи́н Кузнецо́в расска́зывает свое́й жене́, как их друг Шмидт е́хал в Москву́. (Диало́г)

Übung 5

Скажи́те своему́ ру́сскому дру́гу, как мо́жно из Москвы́ дое́хать до Ганно́вера.

3

– Здра́вствуйте, Ни́на Ива́новна! Я о́чень рад ви́деть вас!
– Добро́ пожа́ловать, господи́н Шмидт. Заходи́те. Бу́дьте как до́ма.
– Я зна́ю, что у ва́шего сы́на Андре́я вчера́ был день рожде́ния. Э́то – мой пода́рок ему́ ко дню рожде́ния.
– Спаси́бо, господи́н Шмидт. А что э́то?
– Э́то желе́зная доро́га. Мой сы́н то́же когда́-то мечта́л о тако́й игру́шке.
– Коне́чно, э́то о́чень интере́сная игру́шка. Андре́й лю́бит игра́ть с детьми́. Но когда́ он остаётся оди́н, ему́ быва́ет ску́чно. Тепе́рь э́той пробле́мы у нас не бу́дет.
– А где же Андре́й?
– Его́ сейча́с нет до́ма. Он гуля́ет со свои́м отцо́м. Сего́дня весь день шёл снег и они́ де́лают во дворе́ снегови́ка́.

Ру́сская зима́

Господи́н Шмидт сно́ва в Москве́. Он о́чень дово́лен э́той пое́здкой, ведь в Москве́ мно́го интре́сного. И гла́вное – э́то ру́сская зима́. До́ма господи́н Шмидт подгото́вился к э́той пое́здке. Он взял свою́ тёплую ку́ртку, тёплые брю́ки и но́вые зи́мние сапоги́. Но он не поду́мал о ша́пке. До́ма, в Герма́нии, у него́ нет ша́пки, да и зи́мних сапо́г то́же не́ было. В э́том нет необходи́мости. На рабо́ту и с рабо́ты он е́здит на маши́не, стоя́нка для маши́н – на у́лице ря́дом с до́мом. Снег быва́ет не́сколько раз в конце́ января́ – нача́ле февраля́. В Герма́нии мя́гкий кли́мат.

Одна́ко в Росси́и кли́мат друго́й. Знако́мый господи́на Шми́дта, Ива́н Петро́вич Кузнецо́в, говори́т, что зимо́й в Росси́и без ша́пки пло́хо. Не все москвичи́ е́здят на свои́х маши́нах. Мно́гие по́льзуются обще́ственным тра́нспортом. Иногда́ ну́жно не то́лько ждать на остано́вке, но и до́лго идти́ пешко́м. В наро́де говоря́т: “Береги́ нос в большо́й моро́з”.

У господи́на Шми́дта в Москве́ мно́го друзе́й. Они́ подари́ли ему́ ша́пку и тёплые перча́тки, и он тепе́рь ча́сто хо́дит гуля́ть со свои́ми знако́мыми. Вме́сте с ни́ми он хо́дит в го́сти. Э́то то́же интере́сно. В ру́сских се́мьях лю́бят госте́й и гото́вят ра́зные вку́сные блю́да. Но в э́тот раз господи́н Шмидт немно́го удивлён:

– Господи́н Кузнецо́в, объясни́те, пожа́луйста, что э́то зна́чит. Я был в трёх дома́х и везде́ мы е́ли блины́. Э́то, коне́чно, вку́сно, но немно́го стра́нно: и в пе́рвом, и во второ́м, и в тре́тьем до́ме на обе́д бы́ли блины́. Э́то люби́мое блю́до ру́сских зимо́й?
– Нет, господи́н Шмидт. На ваш вопро́с отве́тить о́чень легко́. Сейча́с – ма́сленица. В Герма́нии в э́то вре́мя карнава́л. Ма́сленица в Росси́и – э́то про́воды зимы́. Блин символизи́рует со́лнце. Во вре́мя ма́сленицы ча́сто едя́т блины́ – с ры́бой, с икро́й, с ма́слом. Лю́ди проща́ются с холо́дной зимо́й и встреча́ют со́лнце и весну́.
  А что вы де́лаете сего́дня ве́чером, господи́н Шмидт?
– Я ещё не реши́л.
– Е́сли вас ещё никто́ не пригласи́л, приходи́те к нам на у́жин.
– Спаси́бо. Я с удово́льствием приду́. А что мы бу́дем есть?
– Блины́.

Übung 6

Отве́тьте на вопро́сы.

1. Почему́ господи́н Шмидт дово́лен свое́й пое́здкой?
2. Как он подгото́вился к пое́здке?
3. Куда́ господи́н Шмидт е́здит в Герма́нии на маши́не?
4. Како́й кли́мат в Герма́нии?
5. Как москвичи́ е́здят на рабо́ту?
6. Почему́ господи́н Шмидт немно́го удивлён?
7. Почему́ в конце́ зимы́ в Росси́и едя́т блины́?

Übung 7

Zeichnen Sie an die Tafel ein Spielfeld in der Art von „Mensch ärgere dich nicht!". Tragen Sie zwischen den Punkten, die den Weg markieren, folgende Felder ein:

1. Дом.
2. Остано́вка авто́буса.
3. Вам ну́жно верну́ться домо́й. Вы забы́ли кошелёк с деньга́ми.
4. Рабо́та.
5. Магази́н.
6. Ну́жно ждать. Здесь о́чередь.
7. Вы забы́ли ключи́ на столе́. Вам ну́жно верну́ться на рабо́ту.
8. Метро́.
9. (1.) Дом.

Spielen Sie und kommentieren Sie Ihre Züge.
Beispiel:

Из до́ма я иду́ на остано́вку авто́буса. На авто́бусе я е́ду на рабо́ту…

Übung 8

Hören Sie den Text von Ihrer Kassette ab. Nehmen Sie anschließend Stellung zu der Äußerung, die im russischen Staat geläufig war: Москва́ – се́рдце, Петербу́рг – голова́, Ни́жний Но́вгород – кошелёк Росси́и.

Уро́к 16

Доро́жное происше́ствие

Урóк 16

1

– Здрáвствуй, Жéня! Ты, я слы́шал, был в Гермáнии?
– Да, я был там цéлый мéсяц.
– И что тебé бóльше всегó понрáвилось?
– Оди́н óчень интерéсный музéй в Мю́нхене, котóрый мы посети́ли в послéдний день. Я в жи́зни не ви́дел ничегó интерéснее. Там мóжно уви́деть сáмые нóвые и сáмые стáрые автомоби́ли.
– А я интересу́юсь самолётами.
– Я и самолёты там ви́дел. Зáвтра я расскáжу тебé об э́том бóлее подрóбно.

Steigerung des Adjektivs
Э́та кни́га **интерéсная**. Возьми́ э́ту кни́гу, онá **интерéснее**. Я ещё не читáл **бóлее интерéсной** кни́ги. Для меня́ э́то **сáмая интерéсная** кни́га.

Steigerung des Adverbs
Ви́ктор рассказáл мне **подрóбно** о своéй поéздке. Пéтя рассказáл мне об э́той поéздке **подрóбнее / бóлее подрóбно**.

2

– Дéвушка, вы не скáжете, как проéхать к заprávке?
– Э́то совсéм бли́зко: поéдете пря́мо до пéрвого светофóра и напрáво. Всегó два киломéтра.
– А бли́же нет? У меня́ бензи́на мáло.
– Здесь есть ещё однá заprávка, но онá далекó. Намнóго дáльше.
– Ну чтó ж, надéюсь на два киломéтра у меня́ бензи́на хвáтит. До свидáния.

Merken Sie sich:

пóздно	пóзже		
рáно	рáньше		
хорошó	лу́чше	хорóший	лу́чше
плóхо	ху́же	плохóй	ху́же
мáло	мéньше	мáленький	мéньше
мнóго	бóльше	большóй	бóльше
далекó	дáльше		
бли́зко	бли́же		

Übung 1

Bilden Sie Sätze mit Komparativ und Superlativ über Ihr Haus oder Ihre Wohnung. Verwenden Sie die unten angegebenen Wörter.

краси́вый, большóй, мáленький, прекрáсный, хорóший, нóвый

Beispiel:
В моéй кварти́ре большáя спáльня, а гости́ная – ещё бóльше.
Сáмая мáленькая кóмната – дéтская…

3

Во дворе́ он никого́ не встре́тил.

– Анто́н, ты не ви́дел сего́дня Андре́я?
– Ви́дел. А что?
– Он был вчера́ у меня́ и взял по оши́бке мои́ ключи́ от маши́ны и от кварти́ры.
– Я об э́том ничего́ не зна́ю.

– Ты не встре́тил во дворе́ мои́х дете́й?
– Во дворе́ я никого́ не встре́тил.

– Ты был уже́ в но́вом теа́тре?
– Я никогда́ не хожу́ в теа́тр.

– Ты сего́дня ви́дел Оле́га в институ́те и́ли в библиоте́ке?
– Сего́дня я его́ нигде́ не ви́дел.

4

– Алло́, поликли́ника? Мо́жно мне поговори́ть с врачо́м Руднёвой? Мой сын бо́лен, у него́ температу́ра.
– К сожале́нию, её уже́ нет. На э́той неде́ле она́ рабо́тает с восьми́ до двух.
– А я ду́мала, она́ рабо́тает по́сле обе́да. Что же мне тепе́рь де́лать?
– Не волну́йтесь, у нас есть дежу́рный врач, кото́рый рабо́тает с утра́ до ве́чера. Он придёт к вам в четы́ре часа́. Жди́те.

когда́?	
на	э́той неде́ле
в	э́том ме́сяце
в	э́том году́

Übung 2

Schauen Sie sich den Kalender an. Erzählen Sie:

a) Что до́лжен сде́лать до́ктор Кузнецо́в в ма́рте?
b) Что бу́дете де́лать вы в ма́рте?

Verwenden Sie folgende Ausdrücke:

с двух до трёх часо́в, с понеде́льника до пя́тницы, с утра́ до ве́чера

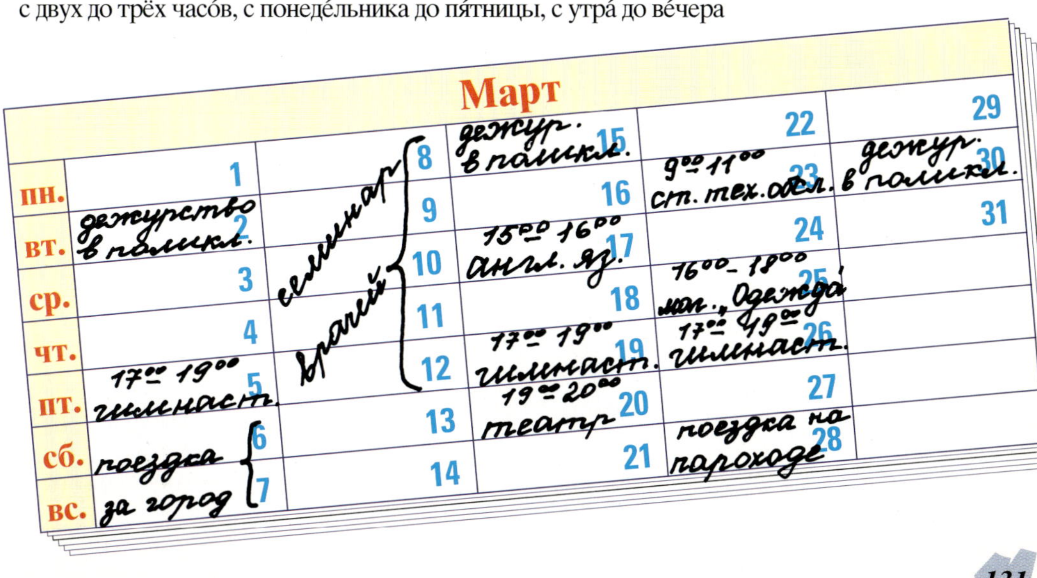

5

– Алло́, ста́нция техни́ческого обслу́живания?
Я оста́вил у вас вчера́ свою́ маши́ну. Мо́жно мне её уже́ забра́ть?
– Ва́ша маши́на ещё в ремо́нте. Что́бы прове́рить мото́р, нам ну́жно рабо́тать ещё не́сколько часо́в.
– Я о́чень хоте́л бы, что́бы она́ была́ гото́ва до обе́да. Она́ мне сро́чно нужна́.
– Хорошо́, приезжа́йте в двена́дцать часо́в.

Übung 3

Wo waren Sie zuletzt einkaufen? Was haben Sie gekauft?

– Куда́ ты вчера́ ходи́ла? Почему́?
– Я ходи́ла в магази́н “Оде́жда”, что́бы купи́ть пальто́.

Übung 4

Sprechen Sie mit Ihrem Kursnachbarn.
Verwenden Sie die angeführten Wortverbindungen.

показа́ть колле́кцию → Алекса́ндр, я хочу́, что́бы ты показа́л мне свою́ колле́кцию.

дать кни́гу, рассказа́ть о путеше́ствии, пое́хать на экску́рсию, пойти́ в музе́й, отпра́вить телегра́мму, помо́чь сестре́, написа́ть письмо́, купи́ть биле́т, прочита́ть рома́н

6

– Смотри́, каки́е у́мные соба́ки! На велосипе́дах е́здят!
– А зна́ешь, чёрная соба́ка умне́е, чем бе́лая.
– Почему́ ты ду́маешь, что чёрная умне́е бе́лой?
– Потому́ что она́ ещё и счита́ть уме́ет. Я уже́ ви́дел э́то представле́ние.

Übung 5

Schauen Sie sich das Bild an und vergleichen Sie die Hunde. Verwenden Sie die Adjektive *краси́вый, большо́й, си́льный, у́мный.*

Слу́чай в доро́ге

Влади́мир Семёнович Пло́тников рабо́тает в больни́це. Он врач. Неда́вно он купи́л но́вый автомоби́ль и тепе́рь е́здит на нём на рабо́ту. По доро́ге на рабо́ту он отво́зит свои́х дете́й в шко́лу. Сего́дня Влади́мир Семёнович вы́ехал из до́ма по́здно и е́дет быстре́е, чем обы́чно. У́тром на доро́гах всегда́ мно́го тра́нспорта. Его́ де́вочки Ле́на и Мари́на повторя́ют англи́йские слова́, кото́рые учи́ли вчера́. Ле́на зна́ет англи́йский язы́к лу́чше Мари́ны. Влади́мир Семёнович ду́мает о том, что он сам никогда́ не́ был в А́нглии и что непло́хо бы́ло бы де́тям пое́хать в э́ту страну́.

– Смотри́, па́па. Ава́рия, – говори́т Ле́на.
Влади́мир Семёнович ви́дит на доро́ге две маши́ны и о́коло них мно́го люде́й.
В стороне́ сиди́т молодо́й челове́к. Он о́чень бле́ден.
– Наве́рное, э́то води́тель маши́ны, – поду́мал Влади́мир Семёнович и поспеши́л к нему́.
– Вам нужна́ по́мощь? Я врач, – говори́т он.
– Спаси́бо. Но, по-мо́ему, я слы́шу ско́рую по́мощь. Помоги́те лу́чше мои́м друзья́м, кото́рые сидя́т вон в той маши́не. Им сейча́с бо́льше, чем мне, нужна́ по́мощь.
Врач спеши́т к маши́не и ви́дит па́рня и де́вушку.
– Наш друг серьёзно ра́нен? – спра́шивают они́.
– Я ду́маю, ничего́ стра́шного. Могло́ быть ху́же. А что у вас случи́лось?– спра́шивает врач. Вы, я ви́жу, не ра́нены.
– Нет. На́ша маши́на не попа́ла в ава́рию. Но у нас всё же есть пробле́ма. Мы о́чень спеши́м, так как че́рез полчаса́ у нас регистра́ция бра́ка. Э́тот молодо́й челове́к, кото́рому ока́зывают по́мощь, наш свиде́тель.
– Чем же я могу́ вам помо́чь?– говори́т Влади́мир Семёнович.
– Бу́дьте на́шим свиде́телем!
– Так вы хоти́те, что́бы я с ва́ми пое́хал?
– Да, пожа́луйста. Э́то совсе́м недалеко́.
– Что же де́лать? – ду́мает Влади́мир Семёнович. – Ведь мои́ де́ти опозда́ют в шко́лу, а я на рабо́ту.
Ах, все когда́-нибудь опа́здывают в шко́лу и на рабо́ту, – поду́мал он. – Но в но́вую жизнь опа́здывать нельзя́.
– Ну что ж, я не про́тив. Пое́хали! – говори́т он.

Übung 6

Übersetzen Sie die Fragen, und lassen Sie einen anderen Kursteilnehmer die Antwort geben.

1. Wo arbeitet Wladimir Semjonowitsch?
2. Womit fährt er zur Arbeit?
3. Woran denkt er auf dem Weg zur Arbeit?
4. Was sieht Lena auf der Straße?
5. Was sagt Wladimir Semjonowitsch zu dem jungen Mann?
6. Was antwortet der junge Mann?
7. Was für ein Problem haben die jungen Leute?
8. Wie kann Wladimir Semjonowitsch ihnen helfen?
9. Warum hilft Wladimir Semjonowitsch den jungen Leuten?

Übung 7

a) Erzählen Sie, was Wladimir Semjonowitsch widerfahren ist!

b) Haben Sie schon eine ähnliche Situation erlebt? Erzählen Sie!

Ти́ше е́дешь – да́льше бу́дешь

LK

Mit dem Auto durch Rußland

Schon ein erster Blick auf die Landkarte zeigt, über welch große Fläche sich Rußland erstreckt. Immer mehr Touristen wollen das weite Land erkunden und Kontakte zur Bevölkerung knüpfen.
Mit dem Auto ist solch eine Reise zwar nicht am bequemsten, jedoch vielseitig und interessant zu gestalten. Man ist flexibel, kann Städte nach eigener Wahl besuchen und die Länge des jeweiligen Aufenthaltes individuell bestimmen. Das war nicht immer so: Früher mußte

man eine innerhalb eines vorgegebenen Straßenplanes einmal festgelegte und genehmigte Route strikt einhalten, sonst war die Reise vielleicht schneller zu Ende als gedacht!

Doch bevor man sich für einen Autourlaub entscheidet, sollte man sich darüber im klaren sein, daß man auf einige gewohnte Annehmlichkeiten verzichten muß: Der Bau von *Autobahnen* steht in Rußland erst am Anfang, Straßenmarkierungen und ausreichende Beschilderung gibt es bislang nur in den großen Städten. Die Verkehrsregeln und die meisten *Verkehrszeichen* sind allerdings international verständlich und unterscheiden sich kaum von den unsrigen.

автомагистра́ли

доро́жные зна́ки

Pannen sollten besser nicht auftreten, denn Automobilclubs und ihre speziellen Pannenhilfsdienste kennt man in Rußland nicht. Reparaturen an ausländischen Fahrzeugen können nur in einigen großen Werkstätten in Moskau oder St. Petersburg durchgeführt werden. *Tankstellen* auf *Schnellstraßen* sind eine Seltenheit. Auch Autoverleiher wird man vergeblich suchen.

автозапра́вка
скоростна́я доро́га

Sollten trotz guter Vorbereitungen Probleme während einer Autoreise durch Rußland auftreten, wendet man sich am besten an die Verkehrspolizei.

Урóк 17

Спорт

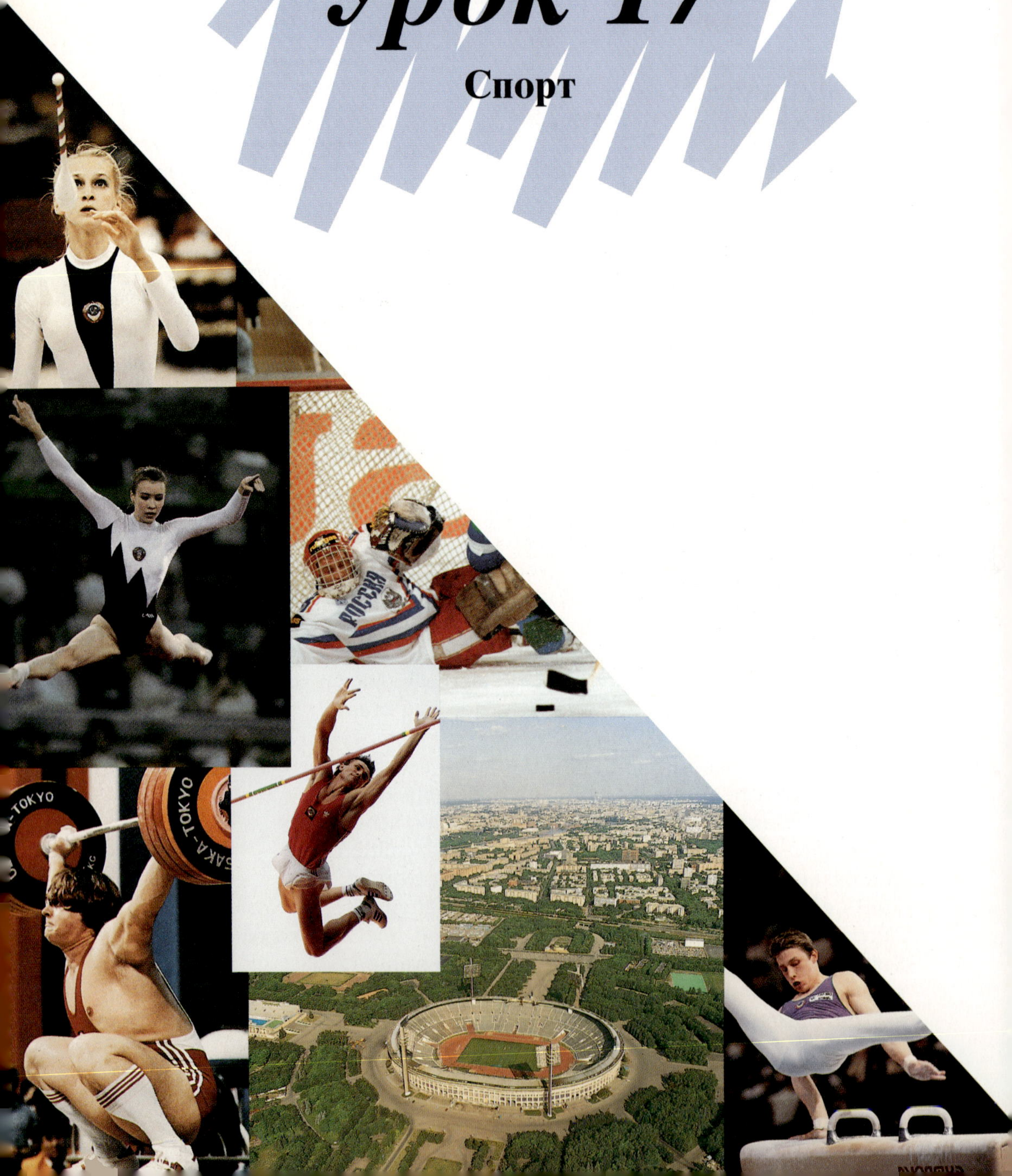

1

– Сóня, ты ходи́ла с Андрю́шей к врачу́?
– Да, ходи́ла. Я ему́ рассказа́ла, что ма́льчик ча́сто боле́ет.
– Ну, и что он сказа́л?
– Он послу́шал у него́ се́рдце и лёгкие и спроси́л, занима́ется ли наш сын спóртом.
– И что ты отве́тила?
– Я сказа́ла, что он то́лько игра́ет в ша́хматы. Врач счита́ет, что Андре́й обяза́тельно до́лжен занима́ться гимна́стикой и принима́ть по утра́м холо́дный душ.
– Мы са́ми должны́ бы́ли об э́том поду́мать. Ведь всем изве́стно: спорт – э́то здоро́вье.

Direkte Rede	Та́ня сказа́ла врачу́ : "Андре́й игра́ет в ша́хматы." Серге́й спроси́л Со́ню: "Ты занима́ешься спо́ртом?"
Indirekte Rede	**Та́ня сказа́ла врачу́, что Андре́й игра́ет в ша́хматы. Серге́й спроси́л Со́ню, занима́ется ли она́ спо́ртом.**

2

– Неуже́ли э́то вы, Светла́на Серафи́мовна? Ско́лько лет, ско́лько зим.
– Константи́н Семёнович! Я ра́да вас ви́деть.
– И я рад. До́лжен сра́зу сказа́ть, что вы хорошо́ вы́глядите. Наве́рное, всё ещё продолжа́ете занима́ться гимна́стикой?
– Да, как и ра́ньше, по вто́рникам и пя́тницам хожу́ в спортза́л. Э́тот вид спо́рта поле́зен всем. Моя́ дочь и вну́чка хо́дят вме́сте со мно́й. Дочь конча́ет рабо́тать в 4 часа́, а в 7 мы уже́ начина́ем тренирова́ться.

Übung 1

Formen Sie die direkte in die indirekte Rede um.

a) 1. Мой бра́т позвони́л мне и сказа́л: "Вчера́ я был в гостя́х у О́льги."
2. Я сказа́ла моему́ дру́гу: "Тебе́ на́до обяза́тельно прочита́ть э́ту кни́гу."
3. Роди́тели сказа́ли сы́ну: "Тебе́ на́до по утра́м принима́ть холо́дный душ."
4. Константи́н сказа́л Оле́гу: "Я уже́ был в э́том спортза́ле."

b) 1. Мой оте́ц спроси́л меня́: "Ты был вчера́ в шко́ле?"
2. Врач спроси́л Татья́ну: "Ваш сын занима́ется спо́ртом?"
3. Мать спроси́ла меня́: "Ты купи́л для ба́бушки цветы́?"
4. На у́лице меня́ спроси́ла же́нщина: "В э́той дере́вне есть по́чта?"

3

– Кири́лл Влади́мирович, вы кто по профе́ссии?
– Я тре́нер и рабо́таю в институ́те со студе́нтами.
– Кого́ же вы трениру́ете?
– Футболи́стов.
– А в те́ннис ва́ши спортсме́ны игра́ют?
– Игра́ют, но ре́дко.
– Кста́ти, мой брат то́же рабо́тает тре́нером. Но он трениру́ет танцо́ров.
– Да что вы говори́те! На́до рассказа́ть об э́том мое́й жене́. Её о́чень интересу́ют та́нцы. Она́ когда́-то танцева́ла в наро́дном анса́мбле.

игра́ть в	ша́хматы футбо́л те́ннис

Übung 2

Führen Sie ein kurzes Gespräch! Verwenden Sie dabei folgende Fragen!

– Вы кто по-профе́ссии?
– Как до́лго вы уже́ рабо́таете строи́телем?
– Вам нра́вится ва́ша профе́ссия?
– А кем рабо́тает ва́ш(а) жена́/муж/брат?

Übung 3

Вы занима́етесь спо́ртом? Почему́ ну́жно занима́ться спо́ртом?

4

– Со́фья Семёновна, разреши́те войти́?
– Пожа́луйста, проходи́те. Вот стул. Сади́тесь.
– Да нет, спаси́бо. Я то́лько на мину́тку. Э́то ва́ши сыновья́ игра́ют во́зле до́ма в футбо́л?
– Сейча́с посмотрю́... Да, мои́.
– Но де́тям игра́ть в футбо́л о́коло до́ма нельзя́! Они́ ведь мо́гут разби́ть окно́.
– Я им то́же не разреша́ю игра́ть во дворе́. Но они́ счита́ют, что спортплоща́дка нахо́дится далеко́ от до́ма и игра́ют здесь.

Übung 4

Was paßt zusammen?

Андре́й боле́л…
Сего́дня нельзя́ купа́ться…
Та́не ещё нельзя́ танцева́ть…
Игра́ть в футбо́л о́коло до́ма нельзя́…
Мне нельзя́ гро́мко разгова́ривать…

…потому́ что оте́ц пришёл с рабо́ты и сейча́с отдыха́ет.
…так как она́ ме́сяц наза́д слома́ла но́гу.
…поэ́тому ему́ ещё нельзя́ игра́ть в футбо́л.
…потому́ что вода́ в реке́ о́чень холо́дная.
…так как мо́жно разби́ть окно́.

5

– Дя́дя, расскажи́ мне о себе́ что́-нибудь интере́сное.
– О том, как я жил на Се́вере, я тебе́ уже́ расска́зывал?
– Нет.
– Так вот. Роди́лся я на Се́вере. Там зимо́й мно́го сне́га. Я ра́но научи́лся ходи́ть на лы́жах. По́зже, уже́ в институ́те, на́чал серьёзно занима́ться лы́жным спо́ртом и стал чемпио́ном страны́. Да́же е́здил на чемпиона́т Евро́пы. Могу́ показа́ть тебе́ меда́ль, кото́рую я получи́л. А тепе́рь ты расскажи́ о себе́.
– Но я ведь ещё не стал чемпио́ном.

Reflexives Personalpronomen себя́

Nom.	—
Gen.	Я купи́л для **себя́** руба́шку.
Dat.	На́дя пригласи́ла к **себе́** друзе́й.
Akk.	Я ви́жу **себя́** в зе́ркале.
Instr.	Он берёт с **собо́й** чемода́н.
Präp.	Пе́тя, расскажи́ о **себе́.**

Übung 5

a) *Fragen Sie Ihren Lernpartner! Verwenden Sie dabei die Vokabeln се́вер, юг, восто́к, за́пад!*

– Вы живёте на се́вере и́ли на ю́ге Герма́нии?

b) *Fordern Sie Ihren Lernpartner auf, etwas über sich zu erzählen!*

Встре́ча танцо́ров в Волгогра́де

Ле́то в Волгогра́де всегда́ жа́ркое. Вот и сего́дня, 12 а́вгуста, уже́ у́тром о́чень жа́рко, хотя́ ду́ет ве́тер. Молоды́е волгогра́дские танцо́ры сего́дня ожида́ют госте́й из Герма́нии. Из го́рода-побрати́ма Кёльна приезжа́ет делега́ция танцо́ров. Дру́жба ме́жду неме́цкими и росси́йскими танцо́рами начала́сь два го́да наза́д на чемпиона́те ми́ра в Ма́нгейме. Тогда́ же реши́ли е́здить друг к дру́гу на спорти́вные соревнова́ния. И вот сего́дня пе́рвая встре́ча. Волгогра́дцы прие́хали в аэропо́рт в 10 часо́в, хотя́ го́сти прилета́ют то́лько в 11. Все о́чень волну́ются.

В 11 часо́в неме́цкие го́сти выхо́дят из самолёта. В зда́нии аэропо́рта три де́вушки в национа́льных ру́сских костю́мах исполня́ют хорово́д, а зате́м преподно́сят главе́ неме́цкой делега́ции Га́нсу Бра́ндту хлеб и соль. По́сле приве́тствия госте́й все е́дут в гости́ницу, в кото́рой бу́дет жить делега́ция из Кёльна.

Ко́нкурс по спорти́вным та́нцам начался́ на сле́дующий день и продолжа́лся три дня. Уча́стники из ра́зных городо́в Росси́и танцева́ли вме́сте с неме́цкими па́рами. Звуча́ла прекра́сная му́зыка. Все любова́лись краси́выми пла́тьями де́вушек. Победи́ли са́мые си́льные па́ры. По́сле ко́нкурса у госте́й ещё бы́ло вре́мя, что́бы осмотре́ть го́род, побыва́ть на Во́лге, на Дону́ и лу́чше узна́ть молоды́х волгогра́дских танцо́ров. Неде́ля прошла́ бы́стро. В после́дний день все пришли́ на проща́льный ве́чер. Настрое́ние бы́ло ра́достное и немно́го гру́стное. Го́сти из Кёльна и волгогра́дцы сиде́ли вме́сте за стола́ми, е́ли и разгова́ривали. В конце́ вы́ступил победи́тель ко́нкурса Алекса́ндр Мю́ллер:

– Дороги́е волгогра́дские друзья́, мы хоти́м поблагодари́ть вас за о́чень хоро́ший приём, кото́рый вы нам организова́ли. Мы никогда́ не забу́дем ваш го́род, Во́лгу, Дон и, коне́чно же, люде́й, с кото́рыми мы здесь познако́мились. Мы наде́емся, что э́то то́лько нача́ло на́шей дру́жбы с ва́ми. Приезжа́йте к нам в Кёльн в феврале́. В конце́ зимы́ мы пра́зднуем карнава́л и хоти́м, что́бы вы то́же при́няли уча́стие в э́том пра́зднике.

На сле́дующий день все опя́ть бы́ли в аэропорту́. Тепе́рь госте́й провожа́ли. Жена́ господи́на Бра́ндта держа́ла в рука́х ма́ленький буке́т полевы́х цвето́в.

– Отку́да э́ти цветы́? – спра́шивали все.
– Я их сорвала́ в степи́ у До́на и возьму́ с собо́й. Они́ ещё до́лго бу́дут напомина́ть мне о пое́здке в Волгогра́д.

Übung 6

Beantworten Sie die Fragen!

1. Кака́я пого́да в Волгогра́де в а́вгусте?
2. Из како́го го́рода волгогра́дцы ожида́ли госте́й?
3. Когда́ и как познако́мились неме́цкие и росси́йские танцо́ры?
4. Как волгогра́дцы встреча́ли госте́й?
5. Как делега́ция из Кёльна провела́ вре́мя в Волгогра́де?
6. Кто вы́ступил на проща́льном ве́чере? Что он сказа́л?
7. Почему́ госпожа́ Брандт взяла́ с собо́й в Кёльн буке́т полевы́х цвето́в?

Übung 7

a) Erzählen Sie aus der Sicht eines Sportlers aus Köln über die Fahrt nach Wolgograd!

b) Erzählen Sie aus der Sicht eines Wolgograders über den Empfang der Gäste aus Köln und über das internationale Turnier!

Плясáть под чужýю дýдку

Sport in Rußland

In der russischen Gesellschaft spielt Sport eine große Rolle. Er dient zur *Entspannung* und als Ausgleich für den Arbeitsalltag. Auf vielen Gebieten des *Leistungssports* findet man russische Sportler in der Weltspitze. Dies liegt darin begründet, daß die ehemalige Sowjetunion auf allen Ebenen eine konzentrierte Talentsuche und Sportförderung betrieben hat. In „Kaderschmieden" wurde eine harte Auslese der sportlichen Elite getroffen – vor allem aus politischen Gründen. Auf der einen Seite dienten die Leistungssportler dem Staat, der die sportliche Überlegenheit auf vielen Gebieten propagandistisch auf eine vermeintliche Systemüberlegenheit übertragen wissen wollte. Auf der anderen Seite wurden vor allem im Sport individuelle Leistungen anerkannt und durch materielle Anreize oder Privilegien in bezug auf Wohnungssuche und Reisefreiheit gefördert.

Mit dem Zerfall der Sowjetunion und dem Entstehen verschiedener Staaten und politischer Strukturen finden auch im Sport Neu- und Umstrukturierungen statt. Das Interesse am Sport aber hat Bestand, die Vorlieben der Russen für bestimmte Sportarten sind nicht der politischen Entwicklung unterworfen.

Traditionell beliebt, wohl auch klimabedingt, sind vor allem die *Wintersportarten Eislauf, Eiskunstlauf* und *Eis-*

óтдых
большóй спорт

зи́мние ви́ды спóрта
скоростнóй бег на конькáх
фигýрное катáние

hockey. Im Winter tummeln sich Tausende von Freizeit-Eisläufern auf zugefrorenen Seen und Flüssen. Fast jeder russische Junge greift dann zum *Eishockeyschläger*, und es werden regelrechte Stadtteil- oder Dorfmeisterschaften ausgetragen, bei denen eine Straße gegen die andere spielt. Das schier unerschöpfliche Reservoir an Spielern erklärt, neben der zentralen Konzentration im Armeesportklub in Moskau, die Vormachtstellung sowjetischer und russischer Mannschaften bei *internationalen Wettbewerben*. Sehr populär sind weiterhin *Ringen, Gewichtheben, Turnen* und *rhythmische Sportgymnastik*. Von den Ballsportarten sind *Volley-, Basket- und Fußball* äußerst verbreitet. Wenn auch im Fußball erst seit 1936 nationale *Meisterschaften* ausgetragen werden, so hat man doch ein sehr hohes Niveau erreicht. Inzwischen findet man ja auch in der deutschen Bundesliga einige russische Fußball-Profis.

Einen besonderen Stellenwert hat allerdings ein Spiel, das für manchen Laien zunächst gar nichts mit Sport zu tun hat: *Schach*! Als Turnierschach wird es als einziges Brettspiel international dem Sport zugeordnet. Es wird in Rußland von alt und jung mit Begeisterung gespielt. Wenn Jugendliche sich kennenlernen, wollen sie oft zuerst voneinander wissen, ob der andere das Schachspiel beherrscht. Wer diese Frage verneinend beantwortet, muß mit einer „gerümpften Nase“ rechnen. Die Stellung des Schachspiels als Volkssport trug mit dazu bei, daß seit 1937 mit nur einer Ausnahme (Fisher, USA) die Russen alle Weltmeister stellten, und Namen wie Spasskij, Karpow und Kasparow auch den nicht Schachkundigen ein Begriff sind.

хоккéй с шáйбой

клю́шка

международные соревновáн
борьбá, поднимáние тя́жест
гимнáстика, ритми́ческая ги
нáстика, волейбóл, баскетбó
футбóл
чемпионáты

шáхматы

Уро́к 18

Же́нский вопро́с

Уро́к 18

1

– Влади́мир Ива́нович, почему́ вы сего́дня опозда́ли на рабо́ту?
– Прошу́ проще́ния. Я отводи́л сы́на в де́тский сад.
– Вы ка́ждый день отво́дите сы́на в де́тский сад?
– Нет. Ра́ньше э́то де́лала моя́ жена́. Но тепе́рь она́ начала́ рабо́тать в лаборато́рии при на́шем заво́де и мы отво́дим сы́на в де́тский сад по о́череди.
– Когда́ же ва́ша о́чередь в сле́дующий раз?
– Че́рез день.

ка́жд**ый**	ка́жд**ая**	ка́жд**ое**	ка́жд**ые**

Übung 1

Antworten Sie auf die Fragen unter Gebrauch des angegebenen Wortmaterials!

1. Как ча́сто вы хо́дите в магази́н? – Ка́ждый (день, два-три дня, неде́ля).
2. Вы ча́сто еди́те суп? – Ка́ждый (день, два-три дня, неде́ля).
3. Вы ча́сто чита́ете газе́ты? – Ка́ждый (день, неде́ля).
4. Как ча́сто в после́днее вре́мя вы ходи́ли к врачу́?
   – Ка́ждый (ме́сяц, год, три-четы́ре ме́сяца).
5. Вы ча́сто обе́даете в рестора́не? – Ка́ждый (день, неде́ля, ме́сяц).
6. Как ча́сто вы встреча́етесь со свои́ми шко́льными това́рищами?
   – Ка́ждый (год, пять лет, де́сять лет).

2

– Како́й э́то ваго́н?
– Второ́й.
– А где здесь рестора́н?
– В сле́дующем ваго́не. Но он ещё закры́т. У них ещё не всё подгото́влено и они́ от-кро́ют ресто́ран че́рез полчаса́. Сади́тесь. Подожди́те немно́го.
– Здесь мо́жно кури́ть?
– Нет, э́то ваго́н для не-куря́щих.

кури́ть	– кур-**я́щ**-ий
рабо́тать	– рабо́та-**ющ**-ий

Übung 2

Что вы де́лаете ка́ждый день? Что вы де́лаете вме́сте с му́жем / жено́й и́ли по о́череди? Что вы лю́бите де́лать? Кто у вас ведёт дома́шнее хозя́йство?

3

– Здрáвствуйте, господи́н Ивано́в.
– Здрáвствуйте, господи́н Шмидт. Заходи́те. Давáйте вмéсте обéдать. Обéд, приготóвленный моéй женóй, всегдá óчень вкýсный.
– Спаси́бо. Какóй у вас поря́док в квартúре! Обéд приготóвлен, бельё вы́стирано, кóмнаты ýбраны. Кто у вас ведёт домáшнее хозя́йство?
– Моя́ женá. Вообщé онá óчень образóванная жéнщина и рабóтала рáньше в университéте. Но сейчáс онá ужé два гóда на пéнсии и сиди́т дóма.
– Ах, господи́н Ивано́в, я не дýмаю, что онá мнóго сиди́т. Я увéрен, что онá мнóго рабóтает дóма.

приготóвить	–	приготóв|**л**|**енн**|ый
приготóвленный	–	приготóвлен

Übung 3

Wie ist das Ergebnis dieser Arbeit?

– Моя́ женá убралá квартúру.
– Квартúра ýбрана.

– Моя́ мáма приготóвила ýжин.
– …

– Мой муж вы́стирал бельё.
– …

4

– Ивáн Ильи́ч, как вы дýмаете, хорошó имéть рабóтающую женý и́ли нет?
– Дýмаю, что хорошó. У жéнщин, рабóтающих на произвóдстве, бóлее ширóкие интерéсы. Éсли у них есть люби́мая рабóта, они́ и дóма бóлее спокóйны и в хорóшем настроéнии.
– Но на рабóте они́ зáняты весь день. А как же муж, дéти?
– Да, э́то, действи́тельно, проблéма. Éсли женá рабóтает, муж и дéти дéлают часть домáшней рабóты. И свобóдное врéмя бывáет тóлько в выходны́е дни.

5

– О́льга, где моя́ ру́чка?
– Она́ лежи́т на столе́.
– Но я её не ви́жу.
– Мо́жет, она́ упа́ла под стол.
– Нет, под столо́м я её то́же не ви́жу.

под стол	**куда́?**	+ Akk.
под стол**о́м**	**где?**	+ Instr.

Ла́мпа виси́т **над** столо́м.
Ру́чка лежи́т **под** столо́м.

Когда́ же́нщины сча́стливы?

Дание́ла Ма́йер прие́хала в го́сти в Москву́. Она́ живёт у свое́й знако́мой Ири́ны Кузнецо́вой. Ири́на за́мужем, у неё две до́чери. Она́ рабо́тает слу́жащей в ба́нке. Муж Ири́ны – врач, он то́же о́чень мно́го рабо́тает.
Ири́не ну́жно де́лать мно́го дома́шних дел: покупа́ть проду́кты, гото́вить еду́, стира́ть бельё. Как и мно́гие други́е рабо́тающие же́нщины, Ири́на си́льно устаёт и не дово́льна свои́м положе́нием. Она́ ча́сто разгова́ривает со свое́й знако́мой Дание́лой Ма́йер о положе́нии же́нщин в Росси́и и в ми́ре. Дание́ла – фемини́стка. Она́ выступа́ет за равнопра́вие же́нщин, за их сча́стье. Дание́ле нра́вится семья́ Кузнецо́вых. Ей нра́вится, что Ири́на – совреме́нная эмансипи́рованная же́нщина.

– Зна́ешь, Ири́на, я ду́маю, что э́то ста́ло возмо́жно то́лько при социали́зме. Же́нщины в Росси́и получи́ли ра́вные права́ с мужчи́нами и они́ тепе́рь о́чень сча́стливы.
– К сожале́нию, Дание́ла, э́то не так. Я ду́маю, что эмансипа́ция сде́лала жизнь же́нщин ещё бо́лее тру́дной. Я занята́ весь день в ба́нке, и я не уве́рена, что до́ма у дете́й всё в поря́дке и уро́ки сде́ланы. Посу́да, коне́чно, не вы́мыта и кварти́ра не у́брана. Так быва́ет не ка́ждый день, но о́чень ча́сто.
– Ири́на, неуже́ли ты хо́чешь быть домохозя́йкой и занима́ться то́лько дома́шним хозя́йством, му́жем и детьми́?
– Е́сли бы у моего́ му́жа была́ высо́кая зарпла́та, я бы с удово́льствием провела́ не́сколько лет до́ма. Прочита́ла бы забы́тые кни́ги. Заняла́сь бы детьми́. У меня́ бы́ло бы вре́мя, что́бы заня́ться собо́й, свое́й вне́шностью и свои́м здоро́вьем.
– Ири́на, но ведь ты тогда́ не бу́дешь эмансипи́рованной же́нщиной!
– А, мо́жет быть, я тогда́ бу́ду счастли́вой же́нщиной?

Übung 4

Sagen Sie, ob die nachstehenden Behauptungen stimmen.
Korrigieren Sie sie gegebenenfalls.

1. Ири́на Кузнецо́ва мно́го рабо́тает. Она́ – врач.
2. Муж Ири́ны то́же о́чень за́нят. Он – слу́жащий в ба́нке.
3. Де́ти ча́сто покупа́ют проду́кты, гото́вят еду́, стира́ют бельё.
4. Дание́ла Ма́йер – совреме́нная эмансипи́рованная же́нщина.
5. Когда́ Ири́на на рабо́те, она́ уве́рена, что у дете́й до́ма всё в поря́дке и уро́ки сде́ланы.
6. Ка́ждый день посу́да не вы́мыта и кварти́ра не у́брана.
7. У му́жа Ири́ны высо́кая зарпла́та, но она́ не хо́чет остава́ться до́ма.

Übung 5

Schildern Sie die Probleme einer modernen russischen Frau.

Übung 6

Welche Probleme haben Frauen in Ihrem Land?
Hat man durch die Emanzipierung der Frauen das angestrebte Ziel erreicht oder verfehlt? Diskutieren Sie auf russisch!

Ска́зано – сде́лано

Frauentag in Rußland

Wenn man den Müttern das Beste wünscht und Geschenke macht, denkt man in Deutschland an den Muttertag im Mai und in Rußland an den *internationalen Frauentag am 8. März*. An diesem Tag bekommen in Rußland Frauen und Mädchen Blumen und andere Geschenke. Man lobt ihre Leistungen in Familie und Beruf und weist unermüdlich auf die Bedeutung hin, die der Frau in der gegenwärtigen Gesellschaft zukommt.

междунаро́дный же́нский день 8-о́го ма́рта

Dieser Feiertag ist im Rahmen der internationalen sozialistischen Frauenbewegung auf Anregung von Klara Zetkin entstanden. Erstmalig wurde er 1911 in Deutschland, der Schweiz und Dänemark gefeiert. In Rußland wurde der internationale Frauentag zum ersten Mal 1913 in Petersburg begangen. In der ehemaligen Sowjetunion stand dieser Feiertag im Zeichen des Sozialismus, der *sozialen Befreiung* der Frau und ihrer *Gleichberechtigung*. Und obwohl in den Medien während dieses Feiertages der Schwerpunkt bei den sozialberuflichen Leistungen der Frauen lag, feierte man die Frauen im Familienkreis als Mütter, Ehefrauen, Geliebte. Das war ein Feiertag für alle Mädchen und Frauen, dem gründliche Vorbereitungen vorausgingen. Im Kindergarten bastelten die Kinder etwas Schönes für ihre Mütter, in den Schulen besorgten die Jungen kleine Geschenke, um den Mädchen aus ihrer Klasse gratulieren zu können. Junge und ältere Frauen bekamen von ihren Freunden, Arbeitskollegen und Ehemännern Blumen.

социа́льное освобожде́ние
равнопра́вие

Diesen Kern hat der Frauentag auch nach den turbulenten Ereignissen der neunziger Jahre behalten. Der 8. März bleibt in Rußland auch weiterhin ein *arbeitsfreier Tag*, an dem die Männer den Frauen besonders viel Liebe und Respekt entgegenbringen.

нерабо́чий день

Уро́к 19

Сре́дства ма́ссовой информа́ции

Урóк 19

1

– Ты опя́ть читáешь газéту во врéмя зáвтрака! Э́то óчень врéдно для здорóвья!
– Но, дорогáя, читáя и зáвтракая одновремéнно, я эконóмлю врéмя.
– Э́то плохóй примéр для детéй! Глядя на отцá, онú тóже бýдут читáть во врéмя еды́.
– Не волнýйся. Совремéнная молодёжь ни газéт, ни книг не читáет. Онú с утрá до вéчера смóтрят телевúзор.

Adverbialpartizipien der Gleichzeitigkeit		
читáть	–	читá-**я**
зáвтракать	–	зáвтрака-**я**
глядéть	–	гля́д-**я**

Übung 1

Finden Sie verschiedene Übersetzungsmöglichkeiten!

1. Я зáвтракаю, читáя газéту. 2. Слýшая мýзыку, мой сын дéлает урóки. 3. Разговáривая по телефóну, я собирáю чемодáн. 4. Слýшая рáдио, я пишý письмó моемý мýжу. 5. Рабóтая учúтелем, мóжно имéть мнóго свобóдного врéмени. 6. Лёжа на divaне, он весь вéчер смотрéл телевúзор.

2

– Здрáвствуйте, мы с телевúдения. Разрешúте взять у вас интервью́?
– Пожáлуйста.
– Вы чáсто смóтрите телевúзор?
– Кáждый день.
– О, знáчит, вы хорошó знáете все прогрáммы!
– Да нет, я хорошó знáю тóлько нéкоторые прогрáммы. Напримéр, информациóнные прогрáммы. Вéчером, вернýвшись домóй с рабóты, всегдá включáю телевúзор и смотрю́ нóвости.
– А детектúвы вы лю́бите смотрéть?
– Иногдá. Обы́чно, посмотрéв начáло, я ужé знáю конéц.
– Какáя же прогрáмма новостéй вам бóльше всегó нрáвится?
– Та, где хорóшие нóвости.

Adverbialpartizipien der Vorzeitigkeit		
посмотрéть	–	посмотрé-**в**
прочитáть	–	прочитá-**в**
вернýться	–	вернý-вши-**сь**

Übung 2

Formen Sie die Sätze in folgender Weise um:

Прочитáв газéту, я включи́л телеви́зор. → Я прочитáл газéту, а потóм включи́л телеви́зор.

1. Поговори́в с дрýгом, мы пошли́ гуля́ть. 2. Вернýвшись домóй, я нáчал готóвить ýжин. 3. Пообéдав, мой отéц нáчал читáть газéту. 4. Позáвтракав, Андрéй пошёл в шкóлу. 5. Поýжинав, мы поéхали в теáтр.

3

– Натáша, позвони́те, пожáлуйста, áвтору э́того объявлéния и скажи́те, чтóбы егó оплати́ли.
– А объявлéние ужé опубликóвано?
– Да, вчерá, на послéдней страни́це. Вот онó: “Молодáя жéнщина (34 гóда, рост 170, вес 70), образóванная, эмансипи́рованная, интересýющаяся мýзыкой, хóчет познакóмиться с некуря́щим и непью́щим мужчи́ной в вóзрасте 40-50 лет.”
– Но здесь нет ни áдреса, ни телефóна.
– Телефóн и áдрес в редáкции. Вот, пожáлуйста.

Übung 3

Tragen Sie die Eigenschaften Ihres Wunschpartners zusammen.

молодóй – немолодóй

пью́щий – непью́щий

образóванный – не óчень образóванный

куря́щий – некуря́щий

интересýющийся: своéй рабóтой, домáшним хозя́йством, поли́тикой, мýзыкой, телеви́дением, теáтром

высóкий – невысóкий

занимáющийся спóртом – не занимáющийся спóртом

имéющий детéй – не имéющий детéй

Haben Sie schon jemanden mit solchen Eigenschaften kennengelernt?

нет ни а́дреса, **ни** телефо́на

Übung 4

Formulieren Sie auf russisch:

1. Im Hof waren weder Eltern noch Kinder.
2. Auf dem Tisch gab es weder Wurst noch Käse.
3. Ich habe weder Zeitungen noch Bücher mitgenommen.
4. Im Hotel hatten wir weder Fernseher noch Radio.
5. Mir gefällt weder das erste noch das zweite Programm.
6. Weder er noch ich haben diese Annonce gelesen.

О чём пи́шут газе́ты?

Га́би и Макс Ри́дель уже́ неде́лю в Москве́. Ка́ждый день они́ узнаю́т мно́го интере́сного и лишь ве́чером возвраща́ются в гости́ницу. Но сего́дня они́ пришли́ ра́ньше. Верну́вшись в гостини́цу и оста́вив в но́мере фотоаппара́т, Макс Ри́дель сра́зу пошёл за газе́тами. Но в газе́тном кио́ске о́коло гости́ницы неме́цких газе́т уже́ не́ было. Макс прочита́л объявле́ние: „Газе́ты про́даны". Ничего́ не поде́лаешь. Макс Ри́дель вы́шел из гости́ницы и пошёл по у́лице, пыта́ясь найти́ кио́ск с ру́сскими газе́тами. Его́ до́лго не́ было, но, нако́нец, он верну́лся, держа́ в рука́х каку́ю-то газе́ту. Ви́дно бы́ло, что он о́чень торопи́лся, и э́то поня́тно. Ведь сего́дня по телеви́зору бу́дут пока́зывать футбо́льный матч „Герма́ния – Росси́я". Но когда́? По како́й програ́мме? Э́то мо́жно узна́ть то́лько из газе́ты! Програ́мма телеви́дения опублико́вана в ка́ждой газе́те и пробле́ма уже́ почти́ решена́. Оста́лось немно́го – прочита́ть ру́сскую газе́ту. Но как э́то сде́лать? Макс Ри́дель не́сколько лет наза́д учи́л ру́сский язы́к в наро́дном университе́те. Но они́ там ни книг, ни газе́т не чита́ли. Учи́ли грамма́тику и слова́. Как же найти́ програ́мму?
Га́би Ри́дель сиди́т ти́хо и стара́ется не меша́ть. Макс сказа́л, что за́нят ва́жным де́лом. Как хорошо́, что пришёл их ру́сский знако́мый И́горь. Мо́жет быть, он помо́жет Ма́ксу?
– И́горь, – говори́т Макс Ри́дель. – Помоги́, пожа́луйста, найти́ то, что мне ну́жно.
И́горь берёт газе́ту и вдруг смеётся.
– Э́то о́чень тру́дно, Макс. И я не зна́ю, что тебе́ ну́жно.
Макс возмущён: – Он ничего́ не зна́ет! Неуже́ли ты ничего́ не по́мнишь? Мы же вме́сте хоте́ли смотре́ть футбо́л!
– Пра́вильно, Макс. Но э́то – газе́та бра́чных объявле́ний.

Übung 5

Beantworten Sie die Fragen auf russisch!

1. Was hatte Max Riedel gemacht, ehe er Zeitungen holen ging?
2. Warum sah er sich um, als er die Straße entlang ging?
3. Warum war für Max Riedel die Zeitung an diesem Abend so wichtig?
4. Wie hat Max Riedel vor ein paar Jahren Russisch gelernt?
5. Warum lacht Igor?
6. Warum ist Max empört?

Übung 6

Sehen Sie oft fern?
Welche Programme sehen Sie gern?

Übung 7

Welche Massenmedien sind für Sie besonders wichtig? Warum?

Ни пýха, ни перá!

Massenmedien in Rußland

Der Einblick in die Massenmedien Rußlands gewährt ein buntes Bild. Früher gab es ein einheitliches und strikt gelenktes System, das die kommunistische *Ideologie* in die Massen tragen sollte. Erst Anfang der 90er Jahre, nach der Annahme eines liberalen *Pressegesetzes*, setzten Veränderungen ein. Die Entwicklung in diesem Bereich dauert an, so daß man kein abgeschlossenes Bild abstecken kann.

идеолóгия

закóн о печáти

Immerhin kann man feststellen, daß die „Prawda" – einst die mächtigste Zeitung der KP – nicht mehr die Presselandschaft prägt. Sie und ein paar andere kommunistisch orientierte Blätter wurden von den Zeitungen in den Hintergrund gedrängt, deren demokratische, ausgewogene Einstellung ihnen mehr Leser eingebracht hat. Das sind z.B. die Tageszeitung „Iswestija", die Wochenzeitung „Moskowskije Nowosti", die Zeitung der russischen *Intellektuellen* „Literaturnaja Gaseta". Diesen großen Zeitungen stehen am anderen Ende des politischen Spektrums extremistisch-nationalistische Blätter gegenüber, für die eine antiwestliche und ausländerfeindliche Haltung kennzeichnend ist.

интеллигéнция

Das Fernsehen, das einst in der ganzen Sowjetunion seine Programme ausstrahlte, hat sich auch gewandelt. Der TV-Sender „Ostankino" hat wohl den größten Zuschauerkreis, weil er in vielen ehemaligen Teilrepubliken der Sowjetunion immer noch empfangen wird, obwohl dort inzwischen auch eigene Sender einige TV-Kanäle voll belegen. „Ostankino" wird von der *russischsprachigen Bevölkerung* dieser Republiken bevorzugt, weil nationale Sender ihre Programme in der einheimischen Sprache gestalten. Aber auch Einheimische sehen Ostankino-Programme gern, um die Berichterstattung aus Moskau und vor Ort vergleichen zu können.

русскоязы́чное населéние

Der große Moskauer Fernsehturm, der im Stadtteil Ostankino liegt, beherbergt auch den speziell russischen Sender „Rossija", der sich vor allem an den Interessen der russischen Bevölkerung orientiert.

In größeren Städten wie Moskau oder Petersburg gibt es *lokale Radio- und TV-Sender* sowie lokale Zeitungen. Die Medienlandschaft in Rußland wächst und vervielfältigt sich.

мéстные рáдио- и тéлестанции

Уро́к 20

Взя́лся за гуж, не говори́, что не дюж

Уро́к 20

1

– Анто́н, кто живёт в кварти́ре над ва́ми?
– Семья́ Грачёвых.
– Э́то случа́йно не Фёдор Макси́мович Грачёв?
– Да, так его́ зову́т. Он тре́нер по профе́ссии. Ему́ лет три́дцать пять. Симпати́чный молодо́й челове́к.
– Так я его́ зна́ю. Э́то мой шко́льный това́рищ. Почти́ четы́ре го́да я ничего́ не слы́шал о нём. Как он пожива́ет?
– Да вот ме́сяц наза́д заболе́л. Тепе́рь лежи́т в больни́це. Сде́лали опера́цию. Но сейча́с он уже́ чу́вствует себя́ хорошо́.
– Послеза́втра у меня́ свобо́дный день и я обяза́тельно пое́ду к нему́ в больни́цу. Он бу́дет рад. Мы так до́лго не ви́делись. Фёдор да́же ещё не зна́ет, что я жена́т.

Übung 1

Bilden Sie Sätze, indem Sie die unterschiedlichen Präpositionen verwenden.

2 У врача́

– На что вы жа́луетесь?
– У меня́ высо́кая температу́ра и голова́ боли́т.
– А на́сморк есть?
– Да.
– У вас грипп. Я вам пропишу́ лека́рство. Апте́ка напро́тив поликли́ники.
– И зуб у меня́ боли́т.
– Но э́то вам на́до пойти́ к зубно́му врачу́.

Übung 2

Вы пришли́ к врачу́. Скажи́те, на что вы жа́луетесь.

3

– Никола́й, ты не мо́жешь помо́чь мне найти́ кварти́ру?
– Снять кварти́ру сейча́с о́чень тру́дно. Кро́ме того́, у нас в го́роде о́чень высо́кая квартпла́та. Ско́лько ты зараба́тываешь?
– Не мно́го. Я ведь живу́ одна́ с ребёнком.
А у же́нщин, как ты зна́ешь, ни́зкая зарпла́та.
– Я попро́бую тебе́ помо́чь, но обеща́ть ничего́ не могу́.

Übung 3

Sie sind auf der Suche nach einer Wohnung.
Bitten Sie Ihren Bekannten um Hilfe. Erklären Sie ihm, welche Wohnung Sie suchen und welche Probleme Sie dabei haben!

Уро́к 20

Покло́нник ру́сской литерату́ры

Сего́дня пя́тница. Влади́мир Ива́нович Си́доров ра́ньше, чем обы́чно, пришёл с рабо́ты домо́й. Он смо́трит на часы́: уже́ шесть три́дцать, а жены́ всё ещё нет.

Влади́мир Ива́нович по профе́ссии врач. В свобо́дное от рабо́ты вре́мя он посеща́ет ку́рсы иностра́нных языко́в и мно́го чита́ет. Его́ люби́мые а́вторы – кла́ссики ру́сской литерату́ры: Пу́шкин, Го́голь, Достое́вский, Толсто́й, Че́хов. Но в после́днее вре́мя он всё бо́льше интересу́ется и про́зой двадца́того ве́ка. Неда́вно он прочита́л не́сколько повесте́й Булга́кова и его́ знамени́тый рома́н "Ма́стер и Маргари́та". Э́ти произведе́ния ему́ о́чень понра́вились. Че́хов и Булга́ков осо́бенно интересу́ют Влади́мира Ива́новича ещё и потому́, что они́, как и он, бы́ли врача́ми.

Позавчера́ его́ знако́мый предложи́л ему́ два биле́та в теа́тр на спекта́кль "Ма́стер и Маргари́та", поста́вленный по одноимённому рома́ну Булга́кова. Влади́мир Ива́нович о́чень обра́довался. Его́ жена́ Ири́на Серге́евна то́же согласи́лась пойти́ в теа́тр. И вот уже́ семь часо́в. Ири́ны Серге́евны ещё нет, а спекта́кль начина́ется в во́семь. Лишь в семь пятна́дцать она́, наконе́ц, прихо́дит домо́й.

– Где же ты была́ так до́лго? И́ли что́-то случи́лось?
– В го́роде сего́дня большо́е движе́ние, как всегда́ в пя́тницу. К тому́ же на Тверско́й у́лице была́ ава́рия. Наш авто́бус останови́лся и стоя́л со́рок пять мину́т. Я ду́маю, на спекта́кль мы уже́ не успе́ем, да́же е́сли возьмём такси́.
– Ты права́. Жаль, но ничего́ не поде́лаешь. Включи́ телеви́зор. Мо́жет, там пока́жут что́-нибудь интере́сное.

Ири́на Серге́евна включи́ла телеви́зор и сра́зу услы́шала го́лос ди́ктора:

– А сейча́с, дороги́е телезри́тели, вы уви́дите худо́жественный фи́льм "Соба́чье се́рдце", сня́тый по одноимённой по́вести Михаи́ла Булга́кова.
– Вот э́то сюрпри́з,– сказа́л Влади́мир Ива́нович, – а я сего́дня да́же не смотре́л програ́мму.
– Ну тепе́рь ты всё же проведёшь ве́чер в диало́ге со свои́м люби́мым Булга́ковым.

Übung 4

Beantworten Sie die Fragen!

– Кто Влади́мир Ива́нович по профе́ссии и како́е у него́ хо́бби?
– Каки́е а́вторы осо́бенно нра́вятся Влади́миру Ива́новичу?
– На како́й спекта́кль Влади́мир Ива́нович и Ири́на Серге́евна хоте́ли пойти́ в пя́тницу?
– Почему́ они́ не пошли́ в теа́тр?
– Как Ири́на Серге́евна и Влади́мир Ива́нович провели́ ве́чер в пя́тницу?
– А вы чита́ли по́весть Булга́кова "Соба́чье се́рдце" и́ли рома́н "Ма́стер и Маргари́та"?
– Вы лю́бите чита́ть?
– Каки́х а́второв ру́сской литерату́ры вы ещё зна́ете?
– Каки́е произведе́ния э́тих а́второв вы чита́ли?
– Кто ва́ши люби́мые а́вторы?
– Каки́е ру́сские фи́льмы вы уже́ ви́дели? Расскажи́те о ва́ших впечатле́ниях.

Уро́к 1

а	und, aber
алло́	hallo
ва́за	Vase
вы	ihr; Sie
газе́та	Zeitung
где?	wo?
гео́лог	Geologe
господи́н	Herr…
госпожа́	Frau…
да	ja
Дава́йте познако́мимся!	Machen wir uns (miteinander) bekannt!
доска́	Tafel
журна́л	Zeitschrift
журнали́ст	Journalist
здесь	hier
Здра́вствуй/те!	Guten Tag! (als Begrüßungsformel, unabhängig von der Tageszeit)
и	und
Извини́те.	Entschuldigen Sie!
и́ли	oder
инжене́р	Ingenieur
капита́н	Kapitän
каранда́ш	Bleistift
ка́рта	Karte, Landkarte
кни́га	Buch
кто?	wer?
ла́мпа	Lampe
меня́ зову́т…	ich heiße…
музыка́нт	Musiker
мы	wir
не	nicht
не́мец	Deutscher
не́мка	(eine) Deutsche
нет	nein; nicht
окно́	Fenster
он	er
она́	sie
оно́	es
они́	sie *Pl.*
о́чень	sehr
письмо́	Brief
пожа́луйста	bitte
Познако́мьтесь, пожа́луйста!	Machen Sie sich bitte miteinander bekannt!
преподава́тель *m*	Lehrer (f. Erwachsene)
прия́тно	angenehm
ро́за	Rose
ру́сский, ру́сская, ру́сские	Russe, Russin, Russen
ру́чка	Füller, Füllfederhalter
с удово́льствием	mit Vergnügen, gerne

секретáрь *m*	Sekretär, Sekretärin
стол	Tisch
студéнт	Student
студéнтка	Studentin
стул	Stuhl
стюардéсса	Stewardess
там	dort
ты	du
урóк	Lektion, (Unterrichts)stunde
что?	was?
шофёр	Chauffeur
э́то	das
я	ich

Урóк 2

бáбушка	Großmutter
брат	Bruder
внук	Enkel
вну́чка	Enkelin
говори́ть, -ю́, -и́шь, …, -я́т	sprechen, sagen
дéдушка *m*	Großvater
дéлать, -ю, -ешь, …, -ют	machen, tun
дочь	Tochter
дя́дя *m*	Onkel
женá	(Ehe-)Frau
как	wie
ку́рица	Huhn
лáпа	Pfote, Tatze
люби́ть, люблю́, лю́бишь, …, лю́бят	lieben, mögen, gern haben
мать	Mutter
мóре	Meer
муж	(Ehe-)Mann
нéбо	Himmel
отдыхáть, -ю, -ешь, …, -ют	erholen, ausruhen
отéц	Vater
писáть, пишу́, пи́шешь, …, пи́шут	schreiben
плóхо	schlecht
по-немéцки	(auf) deutsch
по-ру́сски	(auf) russisch
рисовáть, рису́ю, рису́ешь, …, рису́ют	malen
сейчáс	jetzt
семья́	Familie
сестрá	Schwester
смотрéть, смотрю́, смóтришь, …, смóтрят	schauen, sehen
сын	Sohn
телеви́зор	Fernseher
тётя	Tante

то́же	auch
хорошо́	gut, schön
чита́ть, -ю, -ешь, …, -ют	lesen
Что вам уго́дно?	Was wünschen Sie?

Уро́к 3

альбо́м	Album
балко́н	Balkon
в	in
ва́нная	Badezimmer
ваш, ва́ша, ва́ше	euer, eure, euer; Ihr, Ihre, Ihr, *Possessivpron. zu вы*
вот	hier, da
гости́ная	Wohnzimmer
гуля́ть, -ю, -ешь, …, -ют	spazieren(gehen)
два	zwei
дива́н	Sofa, Couch
До́брый день!	Guten Tag!
дом	Haus
его́	sein(e), *Possessivpron. zu он*
её	ihr(e), *Possessivpron. zu она́*
жить, живу́, живёшь, …, живу́т	leben, wohnen
знать, -ю, -ешь, …, -ют	wissen, kennen
их	ihr(e), *Possessivpron. zu они́*
Как пожива́ете?	Wie geht es Ihnen?
кварти́ра	Wohnung
ко́мната	Zimmer
коридо́р	Flur, Korridor
кре́сло	Sessel
ку́хня	Küche
лежа́ть, лежу́, лежи́шь, …, лежа́т	liegen
мой, моя́, моё	mein, meine, mein, *Possessivpron. zu я*
на	auf, in
наш, на́ша, на́ше	unser, unsere, unser, *Possessivpron. zu мы*
но́мер	Nummer
оди́н	eins, ein
парк	Park
пол	(Fuß-)Boden
по́лка	Regal
рабо́та	Arbeit
рабо́тать, -ю, -ешь, …, -ют	arbeiten
разгова́ривать, -ю, -ешь, …, -ют	reden, s. unterhalten, sprechen
сего́дня	heute
сиде́ть, сижу́, сиди́шь, …, сидя́т	sitzen
смотри́!	schau! sieh!
соба́ка	Hund
сосе́д	Nachbar

спáльня	Schlafzimmer
спаси́бо	danke
твой, твоя́, твоё	dein, deine, dein, *Possessivpron. zu ты*
туалéт	Toilette
университéт	Universität
чей? чья? чьё?	wessen?

Урóк 4

бесéдовать, бесéдую, -уешь, …, -уют	sich unterhalten
библиотéка	Bibliothek
блин	dünner flacher Pfannkuchen
борщ	Borschtsch (rote Gemüsesuppe)
брать, берý, берёшь, …, берýт	nehmen
бýлочка	Brötchen
бутербрóд	belegtes Brötchen, belegte Schnitte
вéчер, вéчера *Gen. Sing.*, вечерá *Nom. Pl.*	Abend
вéчером	abends, am Abend
ви́лка	Gabel
винó	Wein
вкýсно	schmackhaft, lecker
вмéсте	zusammen, gemeinsam
всегдá	immer
в час	um ein Uhr
гóрод, гóрода *Gen. Sing.*, городá *Nom. Pl.*	Stadt
гость	Gast
готóвить, готóвлю, готóвишь, …, готóвят	zubereiten, kochen
Да так, понемнóжку.	Es geht so.
далекó	weit
день, дня *Gen. Sing.*, дни *Nom. Pl.*	Tag
дéти *Pl.*	Kinder
днём	am Tage
до + *Gen.*	bis
Добрó пожáловать!	Herzlich willkommen!
дýмать, -ю, -ешь, …, -ют	denken, meinen, glauben
есть, ем, ешь, ест, еди́м, еди́те, едя́т	essen
желáть, -ю, -ешь, …, -ют	wünschen
зáвтрак	Frühstück
зáвтракать, -ю, -ешь, …, -ют	frühstücken
запи́ска	Zettel
затéм	danach
идти́, идý, идёшь, …, идýт	gehen
из + *Gen.*	aus
Как делá?	Wie geht es?
картóшка	Kartoffel(n)
кафé *indekl.*	Café, Kaffeehaus
когдá?	wann?
колбасá	Wurst

кудá ?	wohin?
лимóн	Zitrone
лимонáд	Limonade
лóжка	Löffel
магазúн	Geschäft, Laden
мáсло	Butter
Минýточку!	Einen Augenblick, bitte!
мнóгие	viele
молокó	Milch
мýзыка	Musik
мукá	Mehl
мыть, мóю, мóешь, …, мóют	waschen
мя́со	Fleisch
На здорóвье!	Zum Wohl! Wohl bekomm's! (beim Essen)
накрывáть на стол	den Tisch decken
напúток, напúтка *Gen. Sing.* напúтки *Nom. Pl.*	Getränk
начинáть, -ю, -ешь, …, -ют	beginnen, anfangen
недалекó	nicht weit, in der Nähe
немнóго	ein wenig, etwas
но	aber
нож	Messer
ну	*Interjektion:* nun, na…
обéд	Mittagessen, Hauptmahlzeit
Обéд готóв.	Das Essen ist fertig.
обéдать, -ю, -ешь, …, -ют	zu Mittag essen
обы́чно	gewöhnlich, üblicherweise
óвощи *Pl.*	Gemüse
ожидáть, -ю, -ешь, …, -ют	erwarten
отвечáть, -ю, -ешь, …, -ют	antworten
откýда?	woher?
пáхнуть, пáхнет *3.Pers. Sing.,* пáхнут *3.Pers. Pl.*	duften, riechen nach
пúво	Bier
пить, пью, пьёшь, …, пьют	trinken
по-англúйски	englisch
подáрок	Geschenk
покупáть, -ю, -ешь, …, -ют	kaufen
помидóр	Tomate
понимáть, -ю, -ешь, …, -ют	verstehen
порá	es ist Zeit
пóсле *+ Gen.*	nach
потомý что	weil
почемý?	warum?
прекрáсно	sehr schön
Привéт!	Hallo!
привéтствовать, привéтствую, -вуешь, …, -вуют	grüßen, begrüßen
Прия́тного аппетúта!	Guten Appetit!
Проходúте, пожáлуйста!	Treten Sie ein!
рáзные	unterschiedliche
рéдко	selten
рéзать, рéжу, рéжешь, …, рéжут	schneiden
ресторáн	Restaurant

роди́тели *Pl.*	Eltern
ры́нок	Markt
сади́ться, сажу́сь, сади́шься, …, садя́тся	sich hinsetzen
Они́ садя́тся за стол.	Sie setzen sich an den Tisch.
салфе́тка	Serviette
са́хар	Zucker
серва́нт	Geschirrschrank, Anrichte
ска́терть *f*	Tischdecke
слу́шать, -аю, -ешь, …, -ют	hören
соль *f*	Salz
спеши́ть, -шу́, -ши́шь, …, -ша́т	sich beeilen
спра́шивать, -ю, -ешь, …, -ют	fragen
стака́н	Glas
сыр	Käse
сыт, -а́, -о; -ы	satt (sein)
так	so, auf diese Weise
таре́лка	Teller
теа́тр	Theater
те́сто	Teig
то́лько	nur, bloß
тру́дно	schwer, schwierig
у́жин	Abendessen
у́жинать, -ю, -ешь, …, -ют	zu Abend essen
у́тро	Morgen
у́тром	am Morgen, morgens
фру́кты *Pl.*	Obst
хлеб	Brot
холоди́льник	Kühlschrank
хоте́ть, хочу́, хо́чешь, хо́чет, хоти́м, хоти́те, хотя́т	wollen
центр	Zentrum
чай	Tee
ча́сто	oft
ча́шка	Tasse
что	daß
чьи *Pl.*	wessen
я́блоко	Apfel
яйцо́	Ei

Уро́к 5

в гости́ной	im Wohnzimmer
в гости́ную	ins Wohnzimmer
вообще́-то	im allgemeinen, überhaupt
Всего́ хоро́шего!	Alles Gute!
давно́	seit langem
день рожде́ния	Geburtstag
До встре́чи!	Auf Wiedersehen! Bis bald!
ещё	noch

ждать, жду, ждёшь, …, ждут	warten
За ва́ше здоро́вье!	Auf Ihre Gesundheit! Prosit!
институ́т	Institut
ка́жется	es scheint
компози́тор	Komponist
коне́чно	natürlich, selbstverständlich
ко́фе *indekl., m*	Kaffee
к сожале́нию	leider
петь, пою́, поёшь, …, пою́т	singen
по́здно	spät
пока́зывать, -ю, -ешь, …, -ют	zeigen
приглаша́ть, -ю, -ешь, …, -ют	einladen
принима́ть, -ю, -ешь, …, -ют	empfangen
ря́дом	in der Nähe, nebenan
сосе́дка	Nachbarin
танцева́ть, танцу́ю, танцу́ешь, …, танцу́ют	tanzen
тепе́рь	jetzt
торт	Torte
уже́	schon
учи́тель, -я́ *Nom. Pl., m*	Lehrer
час	Stunde
часы́ *Pl.*	Uhr
шко́льник, шко́льница	Schüler, -in
Я о́чень ра́д(а).	Ich freue mich sehr.

Уро́к 6

авто́бус	Bus
автомоби́ль, -я, *m*	Auto
акваре́льная кра́ска	Aquarellfarbe
анке́та	Fragebogen
архитекту́ра	Architektur
без *+ Gen.*	ohne
бе́лый, -ая, -ое; -ые	weiß
вас	*Gen., Akk., Präp. des Personalpronomens* вы
везде́	überall
велосипе́д	Fahrrad
вода́	Wasser
вокза́л	Bahnhof
воскресе́нье	Sonntag
впервы́е	zum erstenmal
впечатле́ние *n*	Eindruck
встре́ча	Begegnung
вто́рник	Dienstag
гара́ж	Garage
год	Jahr
голубо́й, -а́я, -о́е; -ы́е	hellblau
гора́	Berg

густо́й, -а́я, -о́е; -ы́е	dicht
дере́вня	Dorf
его́ (у него́)	*Gen., Akk. des Personalpronomens он*
е́здить, е́зжу, е́здишь, ..., е́здят	fahren
е́хать, е́ду, е́дешь, ..., е́дут	fahren
жёлтый, -ая, -ое; -ые	gelb
загора́ть, -ю, -ешь, ..., -ют	sich sonnen, ein Sonnenbad nehmen
за́ город	ins Grüne, aufs Land
зелёный, -ая, -ое; -ые	grün
интервью́ *indekl., n*	Interview
интере́сно	(es ist) interessant
интере́сный, -ая, -ое; -ые	interessant
их (у них)	*Gen., Akk. des Personalpronomens они́*
к *+ Dat.*	zu
како́й, -а́я, -о́е; -и́е	welcher, was für ein
кани́кулы *Pl.*	Ferien
класс	Klasse
кого́?	*Gen., Akk. des Fragepronomens кто*
кори́чневый, -ая, -ое; -ые	braun
краси́вый, -ая, -ое; -ые	schön, hübsch
кра́ска	Farbe
кра́сный, -ая, -ое; -ые	rot
кста́ти	bei dieser Gelegenheit, nebenbei, apropos
купа́ться, -юсь, -ешься, ..., -ются	baden
лес, ле́са *Gen. Sing.,* леса́ *Nom. Pl.*	Wald
луг, лу́га *Gen. Sing.,* луга́ *Nom. Pl.*	Wiese
маши́на	Auto
меня́	*Gen., Akk. des Personalpronomens я*
ме́стность *f*	Gegend, Ort, Landstrich, Gelände
ме́сяц	Monat
метро́ *indekl.*	Metro, U-Bahn
мост	Brücke
нас	*Gen., Akk. des Personalpronomens мы*
начина́ться, ..., -ется, ..., -ются, *2. Pers. ungebr.*	beginnen, anfangen
неде́ля	Woche
ночь *f*	Nacht
обходи́ться (без), обхожу́сь, обхо́дишься, ..., обхо́дятся	auskommen können (ohne)
от *+ Gen.*	von
о́тпуск	Urlaub
пала́тка	Zelt
парохо́д	Dampfer
пешко́м	zu Fuß
пого́да	Wetter
по́езд, по́езда *Gen. Sing.,* поезда́ *Nom. Pl.*	Zug
понеде́льник	Montag
похо́д	Wanderung
поэ́тому	deshalb, deswegen
предпочита́ть, -ю, -ешь, ..., -ют	vorziehen, bevorzugen
прекра́сный, -ая, -ое; -ые	schön

приро́да	Natur
на приро́де	im Freien, draußen
проводи́ть, провожу́, прово́дишь, ..., прово́дят	verbringen
провожа́ть, -ю, -ешь, ..., -ют	begleiten
пти́ца	Vogel
пя́тница	Freitag
ра́дио	Radio, Rundfunk
ра́доваться, ра́дуюсь, ра́дуешься, ..., ра́дуются	sich freuen
ра́достный, -ая, -ое; -ые	froh, vergnügt
ра́но	früh
река́, ре́ки *Nom. Pl.*	Fluß
рома́н	Roman
рюкза́к	Rucksack
свобо́дное вре́мя	Freizeit
се́рый, -ая, -ое; -ые	grau
си́ний, -яя, -ее; -ие	blau
собира́ть, -ю, -ешь, ..., -ют	packen; sammeln
соверша́ть прогу́лки	spazierengehen
среда́	Mittwoch
суббо́та	Samstag, Sonnabend
так как	da, weil
такси *n, indekl.*	Taxi
тебе́	*Dat. des Personalpronomens ты*
тебя́	*Gen., Akk. des Personalpronomens ты*
трамва́й *m*	Straßenbahn
тури́ст	Tourist
у *+ Gen.*	bei
фами́лия *f*	Familienname
ходи́ть, хожу́, хо́дишь, ..., хо́дят	gehen
хоро́ший, -ая, -ее; -ие	gut
цвет, цве́та *Gen. Sing.*, цвета́ *Nom. Pl.*	Farbe
че́рез *+ Akk.*	in, nach *(zeitlich)*; über *(räumlich)*
чёрный, -ая, -ое; -ые	schwarz
четве́рг	Donnerstag
шко́ла	Schule

Уро́к 7

блу́зка	Bluse
брать, беру́, берёшь, ..., беру́т *uv.* (взять *v.*)	*hier:* ausleihen; kaufen
брю́ки *Pl.*	Hosen
быть, *Präsens nur 3. Pers. Sing.:* есть; *Futur:* бу́ду, бу́дешь, ..., бу́дут	sein
вдруг	plötzlich
ведь	doch, in der Tat
взять, возьму́, возьмёшь, ..., возьму́т *v.* (брать *uv.*)	nehmen, *hier:* ausleihen; kaufen
ви́деть, ви́жу, ви́дишь, ..., ви́дят *uv.* (уви́деть *v.*)	sehen

витри́на	Schaufenster
внача́ле	zuerst
восемна́дцать	achtzehn
во́семь	acht
во́семьдесят	achtzig
вспо́мнить, -ю, -ишь, …, -ят *v.* (вспомина́ть *uv.*)	sich erinnern
встать, вста́ну, вста́нешь, …, вста́нут *v.* (встава́ть *uv.*)	aufstehen
вчера́	gestern
вы́брать, вы́беру, вы́берешь, …, вы́берут *v.* (выбира́ть *uv.*)	wählen
два́дцать	zwanzig
двена́дцать	zwölf
де́вушка	junges Mädchen, Fräulein (Anrede)
девяно́сто	neunzig
девятна́дцать	neunzehn
де́вять	neun
де́ньги *Pl.*	Geld
де́рево	*hier:* Holz
де́сять	zehn
для + *Gen.*	für
дово́льный, -ая, -ое; -ые	zufrieden
до́лго	lange Zeit
есть (у меня́ есть, у тебя́ есть…)	es gibt (ich habe, du hast…)
за́втра	morgen
замеча́тельный, -ая, -ое; -ые	ausgezeichnet, bemerkenswert
зарабо́тать, -ю, -ешь, …, -ют *v.* (зараба́тывать *uv.*)	verdienen
звони́ть, звоню́, звони́шь, …, звоня́т *uv.* (позвони́ть *v.*) *кому?*	anrufen, telefonieren
знако́мый, -ая, -ое; -ые	bekannt
ка́сса	Kasse
копе́йка, копе́ек *Gen. Pl.*	Kopeke
купи́ть, куплю́, ку́пишь, …, ку́пят *v.* (покупа́ть *uv.*)	kaufen
ку́ртка	Jacke
лицо́	Gesicht
лы́жи *Pl.*	Ski
ма́рка, ма́рок *Gen. Pl.*	*hier:* (Deutsche) Mark
матрёшка	Matrjoschka (Puppe in der Puppe)
ме́бель *f*	Möbel
мо́дный, -ая, -ое; -ые	modern
мочь, могу́, мо́жешь, …, мо́гут *uv.* (смочь *v.*)	können, imstande sein
Не мо́жет быть!	(Das ist) unmöglich! Das kann nicht wahr sein!
на́до же	*hier:* tatsächlich!?
наза́д	*hier:* vor
год наза́д	vor einem Jahr
написа́ть, -пишу́, -пи́шешь, …, -пи́шут *v.* (писа́ть *uv.*)	schreiben
Не может быть!	Das kann nicht sein!

необы́чный, -ая, -ое; -ые	ungewöhnlich, sonderbar
ноль *m*	Null
оди́ннадцать	elf
опя́ть	wieder
оформля́ть, -ю, -ешь, …, -ют *uv.* (офо́рмить *v.*)	*hier:* dekorieren
пальто́ *indekl.*	Mantel
пла́тье, -ья *Gen. Sing.*, -ьев *Gen. Pl.*	Kleid
подойти́, -иду́, -идёшь, …, -иду́т *v.* (подходи́ть *uv.)*	*hier:* passen, entsprechen
подно́с	Tablett
пожа́луй	wahrscheinlich
получи́ть, получу́, полу́чишь, …, полу́чат *v.* (получа́ть *uv.*)	bekommen, erhalten
по́мнить, -ю, -ишь, …, -ят *uv.*	*hier:* sich erinnern
помо́чь, помогу́, помо́жешь, …, помо́гут *v.* (помога́ть *uv.*)	helfen
пото́м	dann, danach
прочита́ть, -ю, -ешь, …, -ют *v.* (чита́ть *uv.*)	(durch)lesen
пфе́нниг	Pfennig
пятна́дцать	fünfzehn
пять	fünf
пятьдеся́т	fünfzig
разме́р	Größe
рассма́тривать, -ю, -ешь, …, -ют *uv.* (рассмотре́ть *v.*)	betrachten, genau besehen
рубль, рубля́ *Gen. Sing.*, рубли́ *Nom. Pl.*, рубле́й *Gen. Pl.*	Rubel
ру́сский, -ая, -ое; -ие	russisch
семна́дцать	siebzehn
семь	sieben
се́мьдесят	siebzig
сказа́ть, скажу́, ска́жешь, …, ска́жут *v.* (говори́ть *uv.*)	sagen, sprechen, reden
ско́лько	wieviel
ско́ро	bald
собра́ться, -беру́сь, -берёшься, …, -беру́тся *v.* (собира́ться *uv.*)	*hier:* beabsichtigen, vorhaben
сове́товать, -тую, -туешь, …, -туют *uv.* (посове́товать *v.*)	raten, empfehlen
сон	Traum
во сне	im Traum
со́рок	vierzig
спать, сплю, спишь, …, спят *uv.*	schlafen
сто	einhundert
сто́ить, -ю, -ишь, …, -ят *uv.*	kosten
сувени́р	Souvenir, Andenken
типи́чно	typisch
три	drei
три́дцать	dreißig
трина́дцать	dreizehn
ту́фли *Pl.*	(Damen-) Schuhe

уви́деть, уви́жу, уви́дишь, …, уви́дят *v.* (ви́деть *uv.*)	erblicken
улыба́ться, -юсь, -ешься, …, -ются *uv.* (улыбну́ться *v.*)	lächeln
улы́бка	Lächeln
цена́, це́ны *Nom. Pl.*	Preis
четы́ре	vier
четы́рнадцать	vierzehn
что́-нибудь	etwas, irgendwas
что́-то	etwas
шестна́дцать	sechzehn
шесть	sechs
шестьдеся́т	sechzig
шкату́лка	Schatulle
шкаф	Schrank
Э́то, пожа́луй, подойдёт!	Das könnte mir schon gefallen!
э́тот, э́та, э́то; э́ти	dieser, diese, dieses; diese
ю́бка	Rock

Уро́к 8

архите́ктор	Architekt
ах!	ach!
биле́т	Eintrittskarte
большо́й, -а́я, -о́е; -и́е	groß
Будь здоро́в!	Gesundheit! (beim Niesen)
буфе́т	Imbißraum
вам	*Dat. des Personalpronomens вы*
ва́ши	eure, Ihre *Pl.*
весь, вся, всё; все	ganz; alle
взро́слый, -ая, -ое; -ые	erwachsen
виолонче́ль *f*	Cello
во́зраст	Alter
гита́ра	Gitarre
го́ре	Leid, Unglück, Kummer
гриб	Pilz
гро́мко	laut
действи́тельно	wirklich, tatsächlich
де́тский, -ая, -ое; -ие	Kinder-…
де́тский сад	Kindergarten
до́чка, *Diminutiv von дочь*	Tochter
друг	Freund
ей	*Dat. des Personalpronomens она́*
ему́	*Dat. des Personalpronomens он*
занима́ться, -юсь, -ешься, …, -ются *uv.* (заня́ться *v.*)	lernen, studieren; sich beschäftigen
знако́мить, -млю, -мишь, …, -мят *uv.* (познако́мить *v.*)	bekannt machen

знамени́тый, -ая, -ое; -ые	berühmt
игра́ть, -ю, -ешь, …, -ют *uv.* (сыгра́ть *v.*)	spielen
им	*Dat. des Personalpronomens* *они́*
капу́ста	Kohl, Kraut
карти́на	Bild
кем?	*Instr. des Fragepronomens* *кто?*
конце́рт	Konzert
ле́кция	Lektion, Vorlesung
ма́ленький, -ая, -ое; -ие	klein
мир	Welt
мне	*Dat. des Personalpronomens* *я*
мно́го	viel
молоде́ц	Prachtkerl, toller Bursche
молодо́й, -а́я, -о́е; -ы́е	jung
молча́ть, молчу́, -и́шь, …, -а́т *uv.* (замолча́ть *v.*)	schweigen
музе́й	Museum
нам	*Dat. des Personalpronomens* *мы*
наро́д	Volk
в наро́де говоря́т	der Volksmund sagt
наря́дный, -ая, -ое; -ые	festlich gekleidet, elegant
настрое́ние	Laune
нра́виться, нра́влюсь, нра́вишься, …, нра́вятся *uv.* (понра́виться *v.*)	gefallen
орке́стр	Orchester
пиани́но *indekl.*	Klavier
пирожо́к, пирожка́ *Gen. Sing.*	kleine Pastete (Pirogge)
плохо́й, -а́я, -о́е; -и́е	schlecht
пови́дло	Marmelade, Mus
подгото́виться, подгото́влюсь, подгото́вишься, …, подгото́вятся *v.* (гото́виться *uv.*)	sich vorbereiten
подру́га	Freundin
пое́хать, пое́ду, пое́дешь, …, пое́дут *v.* (е́хать *uv.*)	(hin-, los-) fahren
пойти́, пойду́, пойдёшь, …, пойду́т *v.* (идти́ *uv.*)	gehen
показа́ть, покажу́, пока́жешь, …, пока́жут *v.* (пока́зывать *uv.*)	zeigen
послу́шать, -ю, -ешь, …, -ют *v.* (слу́шать *uv.*)	zu-, (sich) anhören
посмотре́ть, посмотрю́, посмо́тришь, …, посмо́трят *v.* (смотре́ть *uv.*)	sehen; schauen
поступи́ть, поступлю́, посту́пишь, …, посту́пят *v.* (поступа́ть *uv.*)	*hier:* immatrikuliert werden, sich (zum Studium) bewerben, das Studium beginnen
посчита́ть, -ю, -ешь, …, -ют *v.* (счита́ть *uv.*)	zählen
пра́вильно	richtig
пригласи́ть, приглашу́, пригласи́шь, …, приглася́т *v.* (приглаша́ть *uv.*)	einladen
прие́хать, прие́ду, прие́дешь, …, прие́дут *v.* (приезжа́ть *uv.*)	ankommen
прийти́, приду́, придёшь, …, приду́т *v.* (приходи́ть *uv.*)	ankommen
пройти́ по ко́нкурсу	die Aufnahmeprüfung bestehen
про́сто	einfach

распи́сывать, -ю, -ешь, …, -ют *uv.* (расписа́ть *v.*)	bemalen
рассказа́ть, расскажу́, расска́жешь, …, расска́жут *v.* (расска́зывать *uv.*)	erzählen
расска́зывать, -ю, -ешь, …, -ют *uv.* (рассказа́ть *v.*)	erzählen
Ребя́та!	Kinder! Jungs! (junge) Leute! (Anrede)
роя́ль *m*	Flügel (Instrument)
с + *Instr.*	mit
сде́лать, -ю, -ешь, …, -ют *v.* (де́лать *uv.*)	machen, tun
семина́р	Seminar
скри́пка	Geige
слу́шать, -ю, -ешь, …, -ют *uv.* (послу́шать *v.*)	zuhören
стать, ста́ну, ста́нешь, …, ста́нут + *Instr., v.* (станови́ться *uv.*)	etwas werden
тако́й, -а́я, -о́е; -и́е	solcher, so ein, solch ein
тала́нт	Talent
тру́дный, -ая, -ое; -ые	schwierig
учени́к	Schüler
учи́тельница	Lehrerin
учи́ться, учу́сь, у́чишься, …, у́чатся *uv.* (научи́ться *v.*)	lernen, studieren (wo?)
чем?	*Instr. des Fragepronomens что*
шко́льный, -ая, -ое; -ые	Schul-
фле́йта	Flöte
хо́бби *n, indekl.*	Hobby
худо́жник	Künstler, Maler
экза́мен	Prüfung

Уро́к 9

а́виа	Luftpost
а́дрес, адреса́ *Nom. Pl.*	Adresse
банк	Bank
бланк	Formular
восьмо́й, -а́я, -о́е; -ы́е	achte(r)
вре́мя, вре́мени *Gen. Sing., n*	Zeit
встре́титься, встре́чусь, встре́тишься, …, встре́тятся *v.* (встреча́ться *uv.*)	sich treffen
второ́й, -а́я, -о́е; -ы́е	zweite(r)
вы́дача	Ausgabe
гости́ница	Hotel
девя́тый, -ая,-ое; -ые	neunte(r)
деся́тый, -ая,-ое; -ые	zehnte(r)
дли́нный, -ая, -ое; -ые	lang
до востре́бования	postlagernd
договори́ться, -ю́сь, -и́шься, …, -я́тся *v.* (догова́риваться *uv.*)	sich verabreden

Vokabeln

зака́з	Bestellung
заказа́ть, закажу́, зака́жешь, …, зака́жут *v.* (зака́зывать *uv.*)	bestellen
заказа́ть разгово́р на три часа́	ein Gespräch für drei Uhr anmelden
заказно́е письмо́	eingeschriebener Brief
закрыва́ться, -юсь, -ешься, …, -ются *uv.* (закры́ться *v.*)	schließen
закры́т, -а, -о; -ы	geschlossen
записа́ть, запишу́, запи́шешь, …, -ут *v.* (запи́сывать *uv.*)	eintragen, anmelden
запо́лнить, -ю, -ишь, …,-ят *v.* (заполня́ть *uv.*)	ausfüllen
засмея́ться, засмею́сь, -ёшся, …, -ю́тся *v.* (смея́ться *v.*)	anfangen zu lachen, auflachen
иде́я	Idee
колле́кция	Sammlung
конве́рт	Umschlag
коне́ц, конца́ *Gen. Sing.*	Ende
корреспонде́нция	Korrespondenz
кото́рый, -ая,-ое; -ые	welcher, welche, welches; welche (der, die, das; die)
кто́-то	jemand
лю́ди *Pl.*	Menschen
ма́рка (почто́вая)	Briefmarke
мо́жет быть	vielleicht
на́до	es ist notwendig, nötig
на́дпись *f*	Aufschrift
нале́во	nach links
напра́во	nach rechts
Неуже́ли?	Wirklich? Ist es möglich?
ну́жно	es ist notwendig, nötig
обменя́ть, -ю, -ешь, …, -ют *v.* (обме́нивать *uv.*)	wechseln (Geld)
обяза́тельно	unbedingt
оди́ннадцатый, -ая, -ое; -ые	elfte(r)
осмотре́ть, -трю́, -о́тришь, …, -тря́т *v.* (осма́тривать *uv.*)	besichtigen, betrachten
открыва́ться, -юсь, -ешься, …, -ются *uv.* (откры́ться *v.*)	öffnen
откры́т, -а, -о; -ы	geöffnet
откры́тка	Postkarte
откры́тка с ви́дом (го́рода)	Ansichtskarte
отпра́вить, отпра́влю, отпра́вишь, …, отпра́вят *v.* (отправля́ть *uv.*)	absenden
отсю́да	von hier aus
о́чередь *f*	Reihe, Schlange
па́мятник	Denkmal
пе́рвый, -ая, -ое; -ые	erste(r)
перево́д	*hier:* Überweisung
повторя́ть, -ю, -ешь, …, -ют *uv.* (повтори́ть *v.*)	wiederholen
по дела́м	dienstlich
поду́мать, -ю, -ешь, …, -ют *v.* (ду́мать *uv.*)	nachdenken, überlegen
позвони́ть, -ню́, -ни́шь, …, -ня́т *v.* (звони́ть *uv.*)	klingeln, läuten; anrufen

познакóмиться, -млюсь, -мишься, …, -мятся *v.* (знакóмиться *uv.*)	kennenlernen, sich bekannt machen
Покá!	*hier:* Tschüß!
полови́на	Hälfte
полови́на пя́того	halb fünf
понрáвиться, понрáвлюсь, понрáвишься, …, -ятся *v.* (нрáвиться *uv.*)	gefallen
посети́ть, посещý, посети́шь, …, посетя́т *v.* (посещáть *uv.*)	besuchen
послáть, пошлю́, пошлёшь, …, пошлю́т *v.* (посылáть *uv.*)	senden, schicken
поспеши́ть, -ý, -и́шь, …, -áт *v.* (спеши́ть *uv.*)	eilen
посы́лка	Paket
по ýлице (идти́)	die Straße entlang (gehen)
пóчта	Post
почтóвый я́щик	Briefkasten
привéт	Gruß
приём	Annahme, Empfang
прислáть, пришлю́, пришлёшь, …, пришлю́т *v.* (присылáть *uv.*)	schicken
продáжа	Verkauf
проси́ть, прошý, прóсишь, …, прóсят *uv.* (попроси́ть *v.*)	bitten, ersuchen (um)
простóй, -áя, -óе; -ы́е	gewöhnlich, einfach
пря́мо	geradeaus
пя́тый, -ая, -ое; -ые	fünfte(r)
раз	Mal
пéрвый раз	zum ersten Mal
разговóр	Gespräch
седьмóй, -áя, -óе; -ы́е	siebte(r)
скóрый, -ая, -ое; -ые	bald, schnell
стари́нный, -ая, -ое; -ые	altertümlich, alt
стáрый, -ая, -ое; -ые	alt
сюрпри́з	Überraschung
телегрáмма	Telegramm
телефóн	Telefon
телефóн-автомáт	Telefonzelle
трéтий, -тья, -тье; -тьи	dritte(r)
у + *Gen.*	*hier:* neben, bei
ýлица	Straße
худóжественный, -ая, -ое; -ые	künstlerisch
четвёртый, -ая, -ое; -ые	vierte(r)
чтóбы	um zu; daß
шестóй, -áя, -óе; -ы́е	sechste(r)

Vokabeln

Уро́к 10

апте́ка	Apotheke
больни́ца	Krankenhaus
боя́ться, бою́сь, бои́шься, …, боя́тся *uv.* (побоя́ться *v.*)	Angst haben, fürchten, sich fürchten
Бу́дьте добры́…	Seien Sie so gut…
верну́ться, -у́сь, -ёшся, …, -у́тся *v.* (возвраща́ться *uv.*)	zurückkehren
во вре́мя + *Gen.*	während
всё	*hier:* alles
всё же	dennoch
вспомина́ть, -ю, -ешь, …, -ют *uv.* (вспо́мнить *v.*)	sich erinnern
встреча́ться, -юсь, -ешься, …, -ются *uv.* (встре́титься *v.*)	sich sehen, sich treffen
вы́расти, -у, -ешь, …, -ут *v.* (выраста́ть *uv.*)	wachsen, aufwachsen
горя́чий, -ая, -ее; -ие	heiß
да́же	sogar
да́ча	Datscha, Wochenendhaus
двор	Hof
двухко́мнатный, -ая, -ое; -ые	Zweizimmer-, Zweiraum-
двухко́мнатная кварти́ра	Zweizimmerwohnung
де́рево, дере́вья *Nom. Pl.*	Baum
дома́шний, -яя, -ее; -ие	häuslich, Haus-
до́рого	teuer
жаль	(es ist) schade
же́нщина	Frau
живо́тное	Tier
засиде́ться, засижу́сь, засиди́шься, …, засидя́тся *v.* (заси́живаться *uv.*)	sich (zu lange) aufhalten, sitzen bleiben
зе́ркало	Spiegel
ка́ждый раз	jedesmal
ко́шка, ко́шек *Gen. Pl.*	Katze
к тому́ же	zudem, überdies
куда́-нибудь	irgendwohin
ку́рица, ку́рицы / ку́ры *Nom. Pl.*	Huhn
лифт	Aufzug, Fahrstuhl
молодёжь *f*	Jugend
москви́ч, -а́ *Gen. Sing.*	Moskauer
наве́рно, наве́рное	wahrscheinlich, sicherlich
найти́, найду́, найдёшь, …, найду́т *v.* (находи́ть *uv.*)	finden
неда́вно	unlängst
незнако́мый, -ая, -ое; -ые	unbekannt
нога́, но́ги *Nom. Pl.*	Fuß, Bein
Ой!	O je!
о́коло + *Gen.*	neben
остава́ться, остаю́сь, остаёшься, …, . остаю́тся *uv* (оста́ться *v.*)	bleiben
остально́й, -а́я, -о́е; ы́е	übrig, verblieben

остано́вка, остано́вок *Gen. Pl.*	Haltestelle
остано́вка авто́буса	Bushaltestelle
оста́ться, оста́нусь, оста́нешься, …, оста́нутся *v.* (остава́ться *uv.*)	bleiben
отдохну́ть, -ну́, -нёшь, …, ну́т *v.* (отдыха́ть *uv.*)	sich erholen, ausruhen
отопле́ние	Heizung
пе́нсия	Rente
Он/она́ на пе́нсии.	Er/sie ist Rentner(in).
Пла́тье вам идёт.	Das Kleid steht Ihnen.
подойти́, -у́, -ёшь, …, -у́т *v.* (подходи́ть *uv.*)	*hier:* sich nähern
по-мо́ему	meiner Meinung nach
по́мощь *f*	Hilfe
после́дний, - яя, -ее; -ие	letzter
в после́дний раз	das letzte Mal
потеря́ть, -ю, -ешь, …, -ют *v.* (теря́ть *uv.*)	verlieren
почти́	fast
примеря́ть, -ю, -ешь, …, -ют *uv.* (приме́рить *v.*)	anprobieren
приходи́ть, прихожу́, прихо́дишь, …, прихо́дят *uv.* (прийти́ *v.*)	kommen
провести́, проведу́, проведёшь, …, проведу́т *v.* (проводи́ть *uv.*)	verbringen
расти́, -у́, -ёшь, …, -у́т *uv.* (вы́расти *v.*)	wachsen, aufwachsen
реши́ть, -у́, -и́шь, …, -а́т *v.* (реша́ть *uv.*)	beschließen, entscheiden
скаме́йка, скаме́ек *Gen. Pl.*	(Sitz-) Bank
слома́ть, -ю, -ешь, …, -ют *v.* (лома́ть *uv.*)	(zer)brechen
слома́ть но́гу	sich ein Bein brechen
случи́ться *v., unpers.* (случа́ться *uv.*)	passieren, sich ereignen
Случи́лась беда́.	Ein Unglück passierte.
сообщи́ть, -у́, -и́шь, …, -а́т *v.* (сообща́ть *uv.*)	mitteilen, melden, wissen lassen
стару́шка, стару́шек *Gen. Pl.*	altes Mütterchen, alte Frau
столи́ца	Hauptstadt
строи́тель *m*	Bauarbeiter
счита́ть, -ю, -ешь, …, -ют *uv.* (посчита́ть *v.*)	*hier:* meinen
сюда́	hierher
то есть	das heißt
тут	hier
уви́деться, уви́жусь, уви́дишься, …, уви́дятся *v.* (ви́деться *uv.*)	sich treffen (mit), einander wiedersehen
упа́сть, упаду́, -дёшь, …, -ду́т *v.* (па́дать *uv.*)	hin-, umfallen
францу́зский, -ая, -ое; -ие	französisch
хозя́йство	Haushalt, Wirtschaft
холо́дный, -ая, -ое; -ые	kalt
це́рковь, це́ркви *Gen. Sing., f*	Kirche
язы́к	Sprache

Уро́к 11

архитекту́рный, -ая, -ое; -ые	architektonisch
аэропо́рт	Flughafen
биле́т	Fahrkarte, Ticket
Бюро́ путеше́ствий (и экску́рсий)	Reisebüro
ваго́н	Waggon, (Eisenbahn-) Wagen
век, века́ *Nom. Pl.*	Jahrhundert
ве́щь *f*	Sache
вид	*hier:* Blick, Aussicht
вылета́ть, -ю, -ешь, …, -ют *uv.*	abfliegen, starten
вы́лететь, вы́лечу, вы́летишь, …, вы́летят *v.*	abfliegen, starten
горди́ться, горжу́сь, горди́шься, …, горд́ятся *uv., + Instr.*	stolz sein
дневни́к	Tagebuch
дово́лен, дово́льна, дово́льно; дово́льны *+ Instr.*	zufrieden (sein)
е́сли	wenn, falls
жи́тель *m*	Einwohner
забы́ть, забу́ду, -бу́дешь, …, -бу́дут *v.* (забыва́ть *uv.*)	vergessen
знамени́т, -а, -о; -ы *+ Instr.*	berühmt, bekannt (sein)
Золото́е кольцо́	Goldener Ring (vgl.Landeskundeabschnitt dieser Lektion)
исто́рия	Geschichte
Кака́я уда́ча!	Welches Glück!
ключ	Schlüssel
кошелёк, кошелька́ *Gen. Sing.*	Geldbörse
Кра́сная пло́щадь	Roter Platz
лета́ть, -ю, -ешь, …, -ют *uv.*	fliegen
лете́ть, лечу́, лети́шь, …, летя́т *uv.*	fliegen
ли́чный, -ая, -ое; -ые	persönlich, privat
любова́ться, -бу́юсь, -бу́ешься, …, -бу́ются *uv.* (полюбова́ться *v.*) *+ Instr.*	bewundern, mit Vergnügen betrachten
маршру́т	Reiseroute
ме́жду *+ Instr.*	zwischen
ме́сто	Platz
недорого́й, -а́я, -о́е; -и́е	billig, preiswert
но́мер, номера́ *Nom. Pl.*	Hotelzimmer
но́мер на двои́х	Doppelzimmer
обеща́ть, -ю, -ешь, …, -ют *uv.*	versprechen
отде́льный, -ая, -ое; -ые	einzeln
па́спорт	Paß
пе́ред *+ Instr.*	vor
платфо́рма	Bahnsteig
пло́щадь *f*	Platz
пое́здка	Fahrt, Reise
полоте́нце	Handtuch
постро́ить, -ю, -ишь, …, -ят *v.* (стро́ить *uv.*)	bauen
пра́вда	*hier:* wirklich
прибы́ть, прибу́ду, прибу́дешь, …, прибу́дут *v.*	ankommen

прибыва́ть, -ю, -ешь, …, -ют *uv.*	ankommen
прилета́ть, -ю, -ешь, …, -ют *uv.*	landen, ankommen
прилете́ть, прилечу́, прилети́шь, …, прилетя́т *v.*	landen, ankommen
пройти́, пройду́, пройдёшь, …, пройду́т *v.* (проходи́ть *uv.*)	kommen, vorbeigehen
пря́мо	*hier:* direkt
путеше́ствие (по + *Dat.*)	Reise (durch mehrere Orte)
рейс	*hier:* Flug
руба́шка	Hemd
ря́дом с + *Instr.*	neben, in der Nähe
самолёт	Flugzeug
свой, -я́, -ё; -и́	sein, *reflex. Possessivpronomen*
сдать, сдам, сдашь, сдаст, сдади́м, сдади́те, сдаду́т *v.*	abgeben
Сла́ва Бо́гу!	Gott sei Dank!
собо́р	Dom
спа́льный, -ая, -ое; -ые	Schlaf…
спа́льный ваго́н	Schlafwagen
уда́ча	Gelingen, Erfolg
узна́ть, -ю, -ешь, …, -ют *v.* (узнава́ть *uv.*)	erfahren
фотоаппара́т	Fotoapparat
чемода́н	Koffer
экску́рсия	Ausflug
экскурсово́д	Reiseleiter, Fremdenführer
явля́ться, -юсь, -ешься, …, -ются *uv.* (яви́ться *v.*) + *Instr.*	sein, darstellen

Уро́к 12

а́вгуст	August
апре́ль *m*	April
Бороди́нское по́ле	Borodinskojefeld – Ort der entscheidenden Schlachtzwischen russischen und französischen Truppen 1812
ва́жный, -ая, -ое; -ые	wichtig
ви́за	Visum
война́, во́йны *Nom. Pl.*	Krieg
встреча́ть, -ю, -ешь, …, -ют *uv.* (встре́тить *v.*)	*hier:* feiern
дверь *f*	Tür
Дед Моро́з	Väterchen Frost
дека́брь, декабря́ *Gen. Sing.*	Dezember
ёлка	Tannenbaum
звоно́к, звонка́ *Gen. Sing.*	das Klingeln
зда́ние	Gebäude
зима́, зи́мы *Nom. Pl.*	Winter
зимо́й	im Winter
изве́стие	Nachricht

изве́стный, -ая, -ое; -ые	bekannt
интересова́ть, -су́ю, -су́ешь, …, -су́ют *uv.*	interessieren
истори́ческий, -ая, -ое; -ие	historisch
ию́ль *m*	Juli
ию́нь *m*	Juni
календа́рь, календаря́ *Gen. Sing.*	Kalender
край, кра́я *Gen. Sing.,* края́ *Nom. Pl.,* краёв *Gen. Pl.*	Region
май	Mai
март	März
музыка́льный теа́тр	Musiktheater
на жёлтый свет	auf Gelb (bei Verkehrsampeln)
на зелёный свет	auf Grün (bei Verkehrsampeln)
на кра́сный свет	auf Rot (bei Verkehrsampeln)
находи́ться, нахожу́сь, нахо́дишься, …, нахо́дятся *uv.*	sich befinden
нача́ло	Anfang, Beginn
нельзя́	man darf nicht
неме́цкий, -ая, -ое; -ие	deutsch
не́сколько	ein paar
нового́дний, -яя, -ее; -ие	Neujahrs-
ноя́брь, ноября́ *Gen. Sing.*	November
октя́брь, октября́ *Gen. Sing.*	Oktober
останови́ться, остановлю́сь, -о́вишься, …, -о́вятся *v.* (остана́вливаться *uv.*)	(an)halten
отда́ть, -да́м, -да́шь, -да́ст, -дади́м, -дади́те, -даду́т *v.* (отдава́ть *uv.*)	übergeben
открыва́ть, -ю, -ешь, …, -ют *uv.* (откры́ть *v.*)	öffnen
плати́ть, плачу́, пла́тишь, …, пла́тят *uv.* (заплати́ть *v.*)	zahlen
пожела́ть, -ю, -ешь, …, -ют *v.* (жела́ть *uv.*)	wünschen
поздравля́ть, -ю, -ешь, …, -ют кого́ *(Akk.)* с чем *(Instr.) uv.* (поздра́вить *v.*)	jmdm. zu etw. gratulieren
посо́льство	Botschaft (Institution)
пра́здник	Fest
пра́здновать, -ную, -нуешь, …, -нуют *uv.*	feiern
програ́мма	Programm
ра́зный, -ая, -ое; -ые	verschieden, unterschiedlich
реда́кция	Redaktion
родны́е *Pl.*	Verwandte
рожде́ственский, -ая, -ое; -ие	weihnachtlich
рождество́	Weihnachten
свобо́дный, -ая, -ое; -ые	frei
сентя́брь, сентября́ *Gen. Sing.*	September
си́льный, -ая, -ое; -ые	stark
На у́лице идёт си́льный снег.	Draußen schneit es stark.
сле́ва	links
слы́шать, -шу, -шишь, …, -шат *uv.* (услы́шать *v.*)	hören
смея́ться, смею́сь, -ёшся, …, -ю́тся *uv.* (засмея́ться *v.*)	lachen
снег	Schnee

снять, сниму́, сни́мешь, …, сни́мут *v.* (снима́ть *uv.*)	ablegen
совсе́м нет	gar nicht, überhaupt nicht
спра́ва	rechts
ста́нция	Station, Bahnhof
стоя́ть, стою́, стои́шь, …, стоя́т *uv.* (постоя́ть *v.*)	stehen
страна́, стра́ны *Nom. Pl.*	Land
счастли́вый, -ая, -ое; -ые	glücklich
това́рищ	Freund, Genosse
тогда́	damals
тра́нспорт	Verkehr
туда́	dorthin
февра́ль, февраля́ *Gen. Sing.*	Februar
центра́льный, -ая, -ое; -ые	zentral
число́	*hier:* Datum
Како́е сего́дня число́?	Welcher Tag ist heute? Der wievielte ist heute?
чита́тель *m*	Leser
широ́кий, -ая, -ое; -ие	breit, weit
штраф	Bußgeld, (Geld-)Strafe
янва́рь, января́ *Gen. Sing.*	Januar

Уро́к 13

бы	Partikel zur Bildung der Konditionalform
весна́, *Pl. ungebr.*	Frühjahr
во́здух, *Pl. ungebr.*	Luft
возмо́жность *f*	Gelegenheit, Möglichkeit
Да нет!	Kaum!
девятьсо́т	neunhundert
друго́й, -а́я, -о́е; -и́е	anderer
заво́д	Werk, Fabrik
загрязнённый, -ая, -ое; -ые	verschmutzt
здоро́вый, -ая, -ое; -ые	gesund
знако́мый, -ого *Gen. Sing.*	Bekannter
зна́ние	Kenntnis
иску́сственный	künstlich
кисло́тный дождь	saurer Regen
когда́	*hier:* wenn
ле́то	Sommer
ло́шадь *f*	Pferd
ма́ло	wenig
недово́лен	unzufrieden
не то́лько…, но и…	nicht nur…, sondern auch…
никто́	niemand
обижа́ться, -юсь, -ешься, …, -ются *uv.* (оби́деться *v.*)	übelnehmen, beleidigt sein

окружа́ющая среда́, *kein Pl.*	Umwelt
о́сень *f*	Herbst
осо́бенно	besonders
охраня́ть, -ю́, -ешь, …, -ют *uv.* (охрани́ть *v.*)	schützen
ра́дость *f*	Freude
ра́ньше	früher
роди́ться, рожу́сь, роди́шься, …, -я́тся *v.* (рожда́ться *uv.*)	geboren werden
ры́ба	Fisch
снег идёт	es schneit
совреме́нный, -ая, -ое; -ые	modern, gegenwärtig
стари́к	alter Mann
ты́сяча	eintausend
уважа́ть, -ю, -ешь, …, -ют *uv.* (ува́жить *v.*)	achten, schätzen
умере́ть , умру́, умрёшь, …, умру́т *v.* (умира́ть *uv.*)	sterben
хи́мик	Chemiker
хи́мия	Chemie
челове́к, лю́ди *Nom. Pl.*	Mensch
чи́стый, -ая, -ое; -ые	rein, sauber
шум, шумы́ *Nom. Pl.*	Lärm
Э́то сли́шком!	Du übertreibst! Das ist (zu) stark!

Уро́к 14

автоно́мия	Autonomie
арбу́з	Wassermelone
бато́н хле́ба	Weißbrot ovaler Form von 400-700 Gramm Gewicht
блю́до	Speise
бо́льше	mehr
буты́лка	Flasche
ве́село	lustig
видеосало́н	Vorführraum für Videofilme
вку́сный, -ая, -ое; -ые	schmackhaft, lecker
возвраща́ться, -юсь, -ешься, …, ются *uv.* (возврати́ться *v.*)	zurückkehren
Во́лга-ма́тушка	Mutter Wolga
вы́глядеть, -гляжу, -глядишь, …, -глядят *uv.*	aussehen
вы́пить, вы́пью, вы́пьешь, вы́пьет, вы́пьем, вы́пьете, вы́пьют *v.* (выпива́ть *uv.*)	austrinken
высо́кий, -ая, -ое; -ие	*hier:* groß
десе́рт	Nachtisch
ды́ня	Honigmelone
жа́рко	heiß
за	*hier:* an
зада́ча	Aufgabe
зака́зывать, -ю, -ешь, …, -ют *uv.* (заказа́ть *v.*)	bestellen

заку́ска	Vorspeise
зара́нее	im voraus
име́ть, -ю, -ешь, …, -ют *uv.*	haben, besitzen
кака́о	Kakao
каю́та	Kajüte
килогра́мм	Kilogramm
киломе́тр	Kilometer
кинозáл	Vorführraum für Filme
кро́ме того́	außerdem
культу́рный, -ая, -ое; -ые	kulturell, Kultur-
кусо́к, куска́ *Gen. Sing.*, куски́ *Nom. Pl.*	Stück
литр	Liter
меню́ *n, indekl.*	Speisekarte
минера́льная вода́	Mineralwasser
моро́женое, -ого *Gen. Sing., kein Pl.*	Speiseeis
мужчи́на *m*	Mann
на второ́е	als 2. Gang, Hauptgericht
на десе́рт	als Nachspeise
на пе́рвое	als 1. Gang (Suppe)
напро́тив + *Gen.*	gegenüber von
национа́льность *f*	Nationalität
по национа́льности	der Nationalität nach
нетру́дный, -ая, -ое; -ые	nicht schwierig, leicht
оди́н, одна́, -но́; -ни́	*hier:* allein
опозда́ть, -ю, -ешь, …, -ют *v.* (опа́здывать *uv.*)	sich verspäten
пи́сьменный стол	Schreibtisch
пла́вать, -ю, -ешь, …, -ют *uv.*	schwimmen
плыть, плыву́, плывёшь, …, плыву́т *uv.*	schwimmen
по Во́лге	die Wolga entlang
привезти́, привезу́, -везёшь, …, -везу́т *v.* (привози́ть *uv.*)	mitbringen
рад, ра́да; ра́ды	froh, zufrieden
ра́зве	etwa, wirklich?
расстоя́ние	Entfernung
реши́ть, -у́, -и́шь, …, -а́т *v.* (реша́ть *uv.*)	*hier:* lösen (eine Aufgabe)
рост	Wuchs
семьсот	siebenhundert
сесть, ся́ду, ся́дешь, …, ся́дут *v.* (сади́ться *uv.*)	sich setzen
ско́рость *f*	Geschwindigkeit
ску́чно	langweilig
споко́ен, споко́йна, -но; -ны	ruhig
сто́лик	Tisch, *Diminutiv von стол*
страни́ца	Seite
сходи́ть, схожу́, схо́дишь, …, схо́дят *v.*	gehen
теплохо́д	Dampfer
хо́лодно	kalt
шампа́нское, -ого *n*	Sekt, Champagner

Уро́к 15

африка́нец, -ка́нца *Gen. Sing.*	Afrikaner
бага́ж	Gepäck
бере́чь, берегу́, бережёшь, …, берегу́т *uv.*	hüten, bewachen
Бу́дьте как до́ма!	Fühlen Sie sich wie zu Hause!
быва́ть, -ю, -ешь, …, -ют *uv.*	*hier:* vorkommen
бы́стро	schnell
слишком бы́стро	zu schnell
вопро́с	Frage
восто́к	Osten
встреча́ть, -ю, -ешь, …, -ют *uv.* (встре́тить *v.*)	*hier:* empfangen
выпива́ть, -ю, -ешь, …, -ют *uv.* (вы́пить *v.*)	austrinken
гла́вное	vor allem, hauptsächlich
гра́дус	Grad
желе́зная доро́га	Eisenbahn
за́пад	Westen
заходи́ть, захожу́, захо́дишь, …, захо́дят *uv.* (зайти́ *v.*)	hereinkommen
зи́мний, -ее, -яя; -ие зи́мние сапоги́	Winter-; Winterstiefel
игру́шка	Spielzeug
икра́	Kaviar
карнава́л	Karneval
кли́мат	Klima
когда́-то	einst, ehemals
краси́во	(es ist) schön
купе́ *indekl.*	Abteil, Coupe
легко́	leicht
люби́мый, -ая, -ое; -ые	Lieblings-
люби́мое блю́до	Lieblingsspeise
ма́сленица	Fastnachtswoche, Fasching
мечта́ть, -ю, ешь, …, -ют *uv.* (о + *Präp.*)	träumen
ми́нус	Mínus
моро́з	Frost
35 гра́дусов моро́за	35 Grad Kälte
мя́гкий кли́мат	mildes Klima
наде́яться, наде́юсь, наде́ешься, …, наде́ются *uv.* (понаде́яться *v.*)	hoffen
необходи́мость *f*	Notwendigkeit, Unentbehrlichkeit
В э́том нет необходи́мости.	Darin besteht keine Notwendigkeit.
но́с, носы́ *Nom. Pl.*	Nase
обще́ственный тра́нспорт	öffentliche Verkehrsmittel
отве́тить, отве́чу, -тишь, …, -тят *v.* (отвеча́ть *uv.*)	antworten
отноше́ния (ме́жду + *Instr.*) nur *Pl.*	Beziehungen
переса́дка	Umsteigen
сде́лать переса́дку	umsteigen
перча́тка	Handschuh
поду́мать, -ю, -ешь, …, -ют *v.* (ду́мать *uv.*)	*hier:* denken an
по́льзоваться, по́льзуюсь, -ешься, …, -ются *uv.* (+ *Instr.*)	benutzen

пра́вда	*hier:* freilich; wohl
приезжа́ть, -ю, -ешь, …, -ют *uv.* (прие́хать *v.*)	(an)kommen
пробле́ма	Problem
про́воды *Pl.*	Abschied, Verabschiedung
сдава́ть, сдаю́, сдаёшь, …, сдаю́т *uv.* (сдать *v.*)	abgeben
се́вер	Norden
символизи́ровать, -рую, -руешь, …, -руют, *uv.*	symbolisieren
снегови́к, снеговика́ *Gen. Sing.*	Schneemann
со́лнце	Sonne
стоя́нка для маши́н	Parkplatz
стра́нно	seltsam, merkwürdig
стра́ны тре́тьего ми́ра	Länder der Dritten Welt
Счастли́вого пути́!	Gute Reise!
температу́ра	Temperatur
тёплый, -ая, -ое; -ые	warm
террито́рия	Territorium, Gebiet
удивлён (он удивлён)	(er ist) erstaunt
удо́бно	bequem
ша́пка	Mütze, Kappe
эколо́гия	Ökologie
юг	Süden

Уро́к 16

ава́рия	Verkehrsunfall
бензи́н	Benzin
бле́ден, -á, -о; -ы	blaß
бли́зко	nahe, in der Nähe
бо́лее	*zur Bildung des Komparativs bei Adjektiv oder Adverb*
бо́лее подро́бно	ausführlicher
бо́лен, больна́; больны́	krank sein
води́тель	Fahrer
волнова́ться, волну́юсь, волну́ешься, …, волну́ются *uv.*	*hier*: sich Sorgen machen
врач	Arzt
дежу́рный врач	diensthabender Arzt
гото́в, -а, -о; -ы	fertig
да́льше	weiter
двух	*Gen. von два*
де́вочка	kleines Mädchen
доро́га	Weg, (Land-) Straße
доро́жный, -ая, -ое; -ые	Verkehrs-, Straßen-
жизнь *f*	Leben
забра́ть, заберу́, заберёшь, …, заберу́т *v.* (забира́ть *uv.*)	(weg)nehmen
запра́вка	Tankstelle
когда́-нибудь	irgendwann

лу́чше	besser
молодо́й челове́к	junger Mann (Anrede)
мото́р	Motor
наконе́ц	schließlich, endlich
намно́го	um vieles; bedeutend
на э́той неде́ле	(in) diese(r) Woche
непло́хо	nicht schlecht
нигде́	nirgendwo
никогда́	niemals
никого́	Gen./ Akk. von *никто*
ничего́	Gen./ Akk. von *ничто́*
ничто́	nichts
Ничего́ стра́шного!	Macht nichts!
ока́зывать, -ю, -ешь, …, -ют *uv.* (оказа́ть *v.*)	erweisen
ока́зывать по́мощь	Hilfe leisten
опа́здывать, -ю, -ешь, …, -ют *uv.* (опозда́ть *v.*)	sich verspäten
оста́вить, оста́влю, оста́вишь, …, оста́вят *v.* (оставля́ть *uv.*)	lassen
отвози́ть, отвожу́, отво́зишь, …, отво́зят *uv.* (отвезти́ *v.*)	(weg-), (zurück-), fahren
оши́бка	Fehler
по оши́бке	aus Versehen
па́рень, -рня *Gen. Sing.*	junger Mann
поговори́ть, -ю́, -и́шь, …, -я́т *v.* (говори́ть *uv.*)	reden, besprechen
подро́бно	ausführlich
поликли́ника	Poliklinik
полчаса́	halbe Stunde
попа́сть, попаду́, попадёшь, …, попаду́т *v.* (попада́ть *uv.*)	*hier:* geraten in
попа́сть в ава́рию	einen Unfall haben
представле́ние	Vorstellung
прове́рить, -ю, -ишь, …, -ят *v.* (проверя́ть *uv.*)	(nach-)prüfen
происше́ствие	Vorfall
про́тив	gegen
Я не про́тив.	Ich habe nichts dagegen.
ра́нен, -а, -о; -ы	verletzt
регистра́ция бра́ка	standesamtliche Hochzeit
ремо́нт	Reparatur
с … до	von … bis
светофо́р	Ampel
свиде́тель *m*	Zeuge
серьёзно	ernst
серьёзно ра́нен	ernsthaft, schwer verletzt
ско́рая по́мощь	Erste Hilfe
сло́во	Wort
слу́чай	Ereignis
сро́чно	dringend
ста́нция техни́ческого обслу́живания	Werkstatt
сторона́	Seite
в стороне́	abseits
температу́ра	*hier:* Fieber

трёх	*Gen. von три*
у́мный, -ая, -ое; -ые	klug, vernünftig
учи́ть, учу́, у́чишь, …, у́чат	lernen
ху́же	schlechter, schlimmer
це́лый, -ая, -ое; -ые	ganz
чем *Konjunktion*	als

Уро́к 17

анса́мбль	Ensemble
боле́ть, -ю, -ешь, …, -ют *uv.* (заболе́ть *v.*)	krank sein
буке́т	Strauß
ве́тер	Wind
вид спо́рта	Sportart
во́зле + *Gen.*	neben
войти́, войду́, -ёшь, …, -у́т *v.* (входи́ть *uv.*)	eintreten
волгогра́дский, -ая, -ое; -ие	Wolgograder (Adjektiv)
волнова́ться, волну́юсь, -ешся, …, - ются *uv.*	sich aufregen
вы́ступить, вы́ступлю, -пишь, …, -пят *v.* (выступа́ть *uv.*)	(öffentlich) auftreten, sprechen
выходи́ть, выхожу́, выхо́дишь, …, -хо́дят *uv.* (вы́йти *v.*)	(hin)ausgehen; aussteigen, verlassen
гимна́стика	Gymnastik, Turnen
глава́	*hier:* Leiter
го́род-побрати́м	Partnerstadt
гру́стный, -ая, -ое; -ые	traurig, betrübt
делега́ция	Delegation
держа́ть, держу́, де́ржишь, …, -жат *uv.*	(fest)halten
до́лжен, должна́, должны́ + *Inf.*	muß, soll
друг к дру́гу	zueinander
дру́жба	Freundschaft
дуть, ду́ю, -ешь, …, -ют *uv.*	blasen, wehen
душ	Dusche
принима́ть душ	duschen
Евро́па	Europa
жа́ркий, -ая, -ое; -ие	heiß
звуча́ть, звучу́, -чи́шь, …, -ча́т *uv.*	tönen, klingen
здоро́вье	Gesundheit
исполня́ть, -ю, -ешь, …, -ют *uv.* (испо́лнить *v.*)	hier: vortragen, darbieten
исполня́ть хорово́д	den Reigen aufführen
изве́стно	es ist bekannt
ко́нкурс	Wettbewerb
ко́нкурс по спорти́вным та́нцам	Tanzsportturnier
конча́ть, -ю, -ешь, …, -ют *uv.* (ко́нчить *v.*)	beenden, abschließen
лёгкие *Pl.*	Lunge
ли	ob
лы́жный спорт	Schisport

Vokabeln

ма́льчик	Junge
меда́ль *f*	Medaille
мину́тка, мину́ток *Gen. Pl.*	Weilchen, Augenblick
то́лько на мину́тку	nur für ein Weilchen
напомина́ть, -ю, -ешь, …, -ют (о + *Präp.*) *uv.* (напо́мнить *v.*)	erinnern (an etw.)
научи́ться, научу́сь, -у́чишься, …, -у́чатся *v.* (учи́ться *uv.*)	lernen
национа́льный костю́м	Nationaltracht
наро́дный анса́мбль	Volkstanzensemble
нача́ть, начну́, начнёшь, …, -ну́т *v.* (начина́ть *uv.*)	anfangen
нача́ться, *1. und 2. Pers. ungebr.*, -ется, -ются *v.* (начина́ться *uv.*)	beginnen, anfangen
организова́ть, -зу́ю, -зу́ешь, …, -зу́ют *v.* (организо́вывать *uv.*)	organisieren, vorbereiten
па́ра	Paar
по + *Dat.*	an
по понеде́льникам	an den Montagen
победи́тель *m*	Sieger
победи́ть, *1. Pers. Sing. ungebr.*, -беди́шь, …, -дя́т *v.* (побежда́ть *uv.*)	(be)siegen
поблагодари́ть, -дарю́, -ри́шь, …, -ря́т (за + *Akk.*) *v.* (благодари́ть *uv.*)	danken
побыва́ть, -ю, -ешь, …, -ют *uv.*	an mehreren Orten (gewesen) sein
по́зже	später
полево́й цвето́к	Feldblume
поле́зен, поле́зно, поле́зна; поле́зны	nützlich (für die Gesundheit), gesund
послу́шать, -ю, -ешь, …, ют *v.* (слу́шать *uv.*)	*hier:* abhören (Arzt)
преподноси́ть, преподношу́, -о́сишь,…, о́сят *uv.* (преподнести́ *v.*)	überreichen
приве́тствие	Begrüßung
приня́ть уча́стие (в + *Präp.*), приму́, при́мешь, …, при́мут *v.* (принимать *uv.*)	teilnehmen (an)
провожа́ть, -ю, -ешь, …, -ют *uv.* (проводи́ть *v.*)	*hier:* verabschieden
продолжа́ть, -ю, -ешь, … , -ют *uv.* (продо́лжить *v.*)	fortsetzen
продолжа́ться, *1. und 2. Pers. ungebr.*, -ется, -ются; *uv.* (продо́лжиться *v.*)	dauern, fortdauern
пройти́, пройду́, -дёшь, …, -ду́т *v.* (проходи́ть *uv.*)	*hier:* vergehen, verfließen (Zeit)
профе́ссия	Beruf
Вы кто по профе́ссии?	Was sind Sie von Beruf?
проща́льный ве́чер	Abschiedsabend
разби́ть, разобью́, -бьёшь, …, -бью́т *v.* (разбива́ть *uv.*)	zerschlagen
разреша́ть, -ю, -ешь, …, -ют *uv.*	erlauben
разреши́ть, разрешу́, -и́шь, …, -а́т *v.*	erlauben
росси́йский, -ая, -ое; -ие	russisch

рука́, ру́ки *Nom. Pl.*	Hand, Arm
сам, сама́, само́; са́ми	selbst, selber
себя́	*reflexives Pronomen*
се́рдце	Herz
Ско́лько лет, ско́лько зим.	Wie lange haben wir uns nicht gesehen!
сле́дующий, -яя, -ее; -ие	nächster
на сле́дующий день	am nächsten Tag
сорва́ть, сорву́, -вёшь, …, -ву́т *v.* (срыва́ть *uv.*)	pflücken
спорт	Sport
занима́ться спо́ртом	Sport treiben
спортза́л	Sportsaal
спорти́вное соревнова́ние	Sportwettkampf
спортплоща́дка	Sportplatz
степь *f*	Steppe
танцо́р	Tänzer
те́ннис	Tennis
то́лько	*hier:* erst
тре́нер	Trainer
тренирова́ть, трениру́ю, -ешь, …, -ют *uv.*	trainieren
тренирова́ться, трениру́юсь, -ешься, …, -ются *uv.*	trainieren
узна́ть, -ю, -ешь, …, -ют *v.* (узнава́ть *uv.*)	*hier:* kennenlernen
уча́стник	Teilnehmer
футбо́л	Fußball
футболи́ст	Fußballer
ходи́ть на лы́жах	Schi laufen, fahren
хорово́д	Reigen (slawischer Volkstanz)
хотя́	obwohl, obgleich, wenn auch
чемпио́н	Meister
чемпиона́т	Meisterschaft
ша́хматы *Pl.*	Schach(spiel)

Уро́к 18

бельё	Wäsche
быва́ть, -ю, -ешь, …, -ют *uv.*	*hier:* zu sein pflegen
вести́, веду́, ведёшь, …, веду́т *uv.*	führen
вести́ дома́шнее хозя́йство	den Haushalt führen
вне́шность *f*	Äußere(s)
вообще́	überhaupt
вы́мыт, -а, -о; -ы	gespült
вы́мыть, вы́мою, -ешь, …, -ют *v.* (мыть *uv.*)	spülen
высо́кий, -ая, -ое; -ие	hoch
вы́стирать, -ю, -ешь, …, -ют *v.* (стира́ть *uv.*)	(Wäsche) waschen
вы́стиран, -а, -о; -ы	gewaschen
выступа́ть, -ю, -ешь, …, -ют *uv.* (вы́ступить *v.*)	*hier:* sich einsetzen
выходны́е дни	Wochenende
Дава́йте обе́дать!	Laßt (Lassen Sie) uns zu Mittag essen!

домохозя́йка, -хозя́ек *Gen. Pl.*	Hausfrau
еда́	Essen
же́нский, -ая, -ое; -ие	Frauen-
за́мужем	verheiratet (von der Frau)
за́нят, -а, -о; -ы	beschäftigt
заня́ться, займу́сь, -мёшься, …, -му́тся *v.* (занима́ться *uv.*)	sich beschäftigen, beschäftigt sein
зарпла́та	Lohn, Gehalt
интере́с	Interesse
ка́ждый, -ая, -ое; -ые	jeder; alle
кури́ть, курю́, ку́ришь, …, ку́рят *uv.* (покури́ть *v.*)	rauchen
куря́щий, -ая, -ее; ие	Raucher; jemand, der raucht
лаборато́рия	Labor(atorium)
над	über
некуря́щий	Nichtraucher
образо́ванный, -ая, -ое; -ые	gebildet
отводи́ть, отвожу́, -во́дишь, …, -дят *uv.* (отвести́ *v.*)	hinbringen, begleiten
под	unter
подожда́ть, -жду́, -ждёшь, …, -жду́т *v.* (ждать *uv.*)	warten
положе́ние	Lage, Stellung
по о́череди	der Reihe nach, abwechselnd
поря́док, -дка *Gen. Sing.*	Ordnung
посу́да	Geschirr
при	*bezeichnet hier eine Zugehörigkeit*
лаборато́рия при заво́де	der Betrieb hat ein Labor
пригото́вить, пригото́влю, -вишь, …, -вят *uv.* (приготовля́ть *v.*)	zubereiten
пригото́вленный, -ая, -ое; -ые	zubereitet
пригото́влен, -а, -о; -ы	zubereitet
при социали́зме	im Sozialismus
проду́кты *Pl.*	Lebensmittel
произво́дство	Herstellung, Betrieb
Прошу́ проще́ния!	Ich bitte um Verzeihung!
равнопра́вие	Gleichberechtigung
сде́лан, -а, -о; -ы	gemacht
си́льно	*hier:* sehr
слу́жащий, -его *Gen. Sing.*	Angestellter
стира́ть, -ю, -ешь, …, -ют *uv.* (вы́стирать *v.*)	(Wäsche) waschen
сча́стье	Glück
у́бран, -а, -о; -ы	aufgeräumt
убра́ть, уберу́, -рёшь, …, -ру́т *v.* (убира́ть *uv.*)	aufräumen
уве́рен, -а, -о; -ы	überzeugt
Уро́ки сде́ланы.	Die Hausaufgaben sind gemacht.
устава́ть, устаю́, -ёшь, …, -ю́т *uv.* (уста́ть *v.*)	müde werden
феминистка	Feministin
часть *f*	Teil
эмансипа́ция	Emanzipation
эмансипи́рованный, -ая, -ое; -ые	emanzipiert

Уро́к 19

а́втор	Autor
бра́чное объявле́ние	Heiratsanzeige
верну́вшись	*hier:* nachdem er zurückgekehrt war
включа́ть, -ю, -ешь, …, -ют *uv.* (включи́ть *v.*)	einschalten
возмуща́ться, -юсь, -ешься, …, -ются *uv.* (возмути́ться *v.*)	sich empören, auffahren
возмущён, -а, -о; -ы	empört
вре́ден, вредна́, вре́дно; вредны́	ungesund, schädlich
газе́тный кио́ск	Zeitungskiosk
гляде́ть, гляжу́, гляди́шь, …, -дя́т *uv.* (гля́нуть *v.*)	schauen, blicken (auf); ansehen
гля́дя	schauend (auf)
грамма́тика	Grammatik
держа́	*hier*: in der Hand (haltend)
детекти́в	Kriminalfilm
дорого́й, -а́я, -о́е; -и́е	teuer, lieb
зна́чит	*hier:* also; das heißt
иногда́	manchmal
интересу́ющийся, -щаяся, -щееся; -щиеся	*hier*: sich interessierend für
интересу́ющийся му́зыкой	Musikliebhaber
информацио́нные програ́ммы	Informations-, Nachrichtensendungen
како́й-то, кака́я-то, како́е-то; каки́е-то	irgendwelche
кио́ск	Kiosk
лишь	nur, erst
меша́ть, -ю, -ешь, …, -ют *uv.* (помеша́ть *v.*)	stören
наро́дный университе́т	Volkshochschule
не́которые	einige
непью́щий, -ая, -ее; -ие	jemand, der nicht trinkt
неуже́ли	*hier:* etwa
ни, ни	weder…noch
Ничего́ не поде́лаешь.	Da kann man nichts machen.
но́вость *f*	Nachricht, Neuigkeit, Neuheit
объявле́ние	Anzeige
одновреме́нно	gleichzeitig
оплати́ть, оплачу́, опла́тишь, …, -тят *v* (опла́чивать *uv.*)	bezahlen
опублико́ван, -а, -о; -ы	publiziert
опубликова́ть, опублику́ю, -ку́ешь, …, -ку́ют *v.* (опублико́вывать *uv.*)	veröffentlichen, publizieren
оста́вив	*hier:* nachdem er … gelassen hatte
по како́й програ́мме?	in welchem Programm?
поня́тно	verständlich
приме́р	Vorbild, Muster, Beispiel
про́дан, -а, -о; -ы	verkauft
пыта́ться, -юсь, -ешся, …, -ются *uv.* (попыта́ться *v.*)	versuchen
пыта́ясь	*hier:* und versuchte
пью́щий, -ая, -ее; -ие	Trinker; jemand, der trinkt
сра́зу	gleich, sofort

стара́ться, -юсь, -ешься, …, -ются *uv.* (постара́ться *v.*)	sich bemühen
телеви́дение	Fernsehen
ти́хо	leise, still, ruhig
торопи́ться, тороплю́сь, торо́пишься, …, -пятся *uv.* (поторопи́ться *v.*)	sich beeilen
тот, та, то; те	jener, jene, jenes; jene
узнава́ть, узнаю́, узнаёшь, …, узнаю́т *uv.* (узна́ть *v.*)	erfahren
футбо́льный матч	Fußballspiel
эконо́мить, -но́млю, -но́мишь, …, -но́мят *uv.* (сэконо́мить *v.*)	haushalten, sparen

Уро́к 20

боле́ть, боли́т, боля́т, *nur 3. Pers.*	schmerzen, weh tun
У меня́ голова́ боли́т.	Ich habe Kopfschmerzen.
ви́деться, ви́жусь, ви́дишься, …, ви́дятся *uv.* (уви́деться *v.*)	sich sehen, sich treffen
включи́ть, включу́, -чи́шь, …, -ча́т *v.* (включа́ть *uv.*)	einschalten
всё бо́льше	immer mehr
всё ещё	immer noch
голова́, го́ловы *Nom. Pl.*	Kopf
го́лос, голоса́ *Nom. Pl.*	Stimme
грипп	Grippe
движе́ние	*hier:* Verkehr
диало́г	Dialog
ди́ктор	Ansager
жа́ловаться, жа́луюсь, -ешься, …, -ются *uv.* (пожа́ловаться *v.*) на + *Akk.*	sich beklagen, sich beschweren
жена́т	verheiratet (vom Mann)
заболе́ть, -ю, -ешь, …, -ют *v.* (заболева́ть *uv.*)	erkranken
зараба́тывать, -ю, -ешь, …, -ют *uv.* (зарабо́тать *v.*)	verdienen
зуб	Zahn
зубно́й врач	Zahnarzt
иностра́нный, -ая, -ое; -ые	ausländisch, Fremd-
иностра́нный язы́к	Fremdsprache
интересова́ться, интересу́юсь, -су́ешся, …, -су́ются *uv.*, + *Instr.*	sich interessieren (für)
квартпла́та	Miete
кла́ссик	Klassiker
курс	Kursus
лека́рство	Arznei
литерату́ра	Literatur
ма́стер	Meister
на́сморк	Schnupfen

ни́зкий, -ая, -ое; -ие	niedrig
обра́доваться, обра́дуюсь, -дуешься, …, -дуются *v.* (ра́доваться *uv.*)	sich freuen, erfreut sein
одноимённый, -ая, -ое; -ые	gleichnamig
опера́ция	Operation
по́весть *f*	Kurzroman, Novelle
позавчера́	vorgestern
покло́нник	Verehrer, Liebhaber
попро́бовать, попро́бую, -буешь, …, -буют *v.* (про́бовать *uv.*)	versuchen, probieren
посеща́ть, -ю, -ешь, …, -ют *uv.* (посети́ть *v.*)	besuchen
послеза́втра	übermorgen
поста́вить, поста́влю, -вишь, …, -вят *v.* (ста́вить *uv.*)	*hier:* aufführen (im Theater)
поста́вленный	*hier:* aufgeführt
прав, права́; пра́вы	recht haben
предложи́ть, предложу́, -ло́жишь, …, -ло́жат *v.* (предлага́ть *uv.*)	anbieten, vorschlagen
про́за	Prosa
произведе́ние	Werk (künstler. Schaffen)
прописа́ть, пропишу́, -шешь, …, -шут *v.* (пропи́сывать *uv.*)	verschreiben (Arznei)
ребёнок, ребёнка *Gen. Sing.*, дети *Nom. Pl.*	Kind
симпати́чный, -ая, -ое; -ые	sympathisch
случа́йно	zufällig
снять, сниму́, сни́мешь, …, сниму́т *v.* (снима́ть *uv.*)	*hier:* *1.:* mieten (Wohnung), *2.:* aufnehmen, drehen (Film)
сня́тый	gedreht
“Соба́чье се́рдце”	„Hundeherz“, Roman von Michail Bulgakow
согласи́ться, соглашу́сь, согласи́шься, …, соглася́тся *v.* (соглаша́ться *uv.*)	einwilligen, einverstanden sein
спекта́кль *m*	Schauspiel, Vorstellung, Aufführung
телезри́тель *m*	Fernsehteilnehmer, Zuschauer
услы́шать, услы́шу, -шишь, …, -шат *v.* (слы́шать *uv.*)	hören, wahrnehmen
успе́ть, -ю, -ешь, …, -ют *v.* (успева́ть *uv.*)	*hier:* (recht)zeitig hinkommen
фильм	Film
худо́жественный фильм	Spielfilm
чу́вствовать, чу́вствую, -вуешь, …, вуют *uv.* (себя́) (почу́вствова́ть (себя́) *v.*)	(sich) fühlen

Der Index erleichtert Ihnen das Auffinden einer Vokabel im nach Lektionen geordneten Übersetzungsteil. Die Zahlen hinter dem Eintrag verweisen auf die entsprechende Lektion. Sind zwei oder mehr Zahlen angegeben, kommt die Vokabel in unterschiedlichen Bedeutungen vor.

А

Б

В

И

К

Л

П

Урóк 2 ***Пи́шет как кýрица лáпой.***
Er hat eine Sauklaue.

Урóк 3 ***Вот где собáка зары́та.***
Da ist der Hund begraben.

Урóк 4 ***Пéрвый блин кóмом***
Aller Anfang ist schwer.

В Тýлу со свои́м самовáром не éздят.
Eulen nach Athen tragen

Урóк 5 ***Повторéнье - мать учéнья.***
Übung macht den Meister!

Урóк 6 ***Чёрным по бéлому напи́сано.***
Das ist schwarz auf weiß geschrieben.

Урóк 7 ***Не имéй сто рублéй, а имéй сто друзéй.***
[Habe nicht 100 Rubel, sondern 100 Freunde.]

Урóк 8 ***Мáленькие дéти - мáленькое гóре, больши́е дéти - большóе гóре.***
Kleine Kinder - kleine Sorgen, große Kinder - große Sorgen!

Урóк 9 ***Игрáть пéрвую скри́пку***
Die erste Geige spielen

Урóк 10 ***Учéнье - путь к умéнью.***
[Das Lernen ist der Weg zum Können.]

Урóк 11 ***В гостя́х хорошó, а дóма лýчше.***
[Es ist überall gut, aber] zu Hause ist es doch am schönsten.

Урóк 12 ***Не с деньгáми жить, а с дóбрыми людьми́.***
Man soll nicht mit Geld, sondern mit guten Menschen zusammenleben.

Урóк 13 ***Стáрость не рáдость!***
Das Alter ist keine Freude!

Урóк 14 ***Оди́н за всех, все за одногó.***
Einer für alle, alle für einen!

Урóк 15 ***Учéнье - свет, а неучéнье - тьма.***
Die Bildung ist Licht, die Ungebildetheit ist Dunkelheit.

Урóк 16 ***Ти́ше éдешь - дáльше бýдешь.***
Eile mit Weile!

Урóк 17 ***Плясáть под чужýю дýдку***
Nach jemandes Pfeife tanzen

Урóк 18 ***Скáзано - сдéлано!***
Gesagt - getan!

Урóк 19 ***Ни пýха, ни перá.***
Hals- und Beinbruch!

Урóк 20 ***Взя́лся за гуж, не говори́, что не дюж!***
Wer A sagt, muß auch B sagen!

А́страхань	Astrachan; bedeutender Umschlag- und Fischereihafen am Wolgadelta
Влади́мир	Wladimir; alte russische Stadt des „Goldenen Rings"
Во́лга-ма́тушка	Mutter Wolga
Волгогра́д	Wolgograd; vorher Stalingrad, Gebietshauptstadt am rechten, hohen Ufer der Wolga
Во́логда	Wologda; alte Stadt am gleichnamigen Fluß, ca. 400 km nordwestlich von Moskau
Деми́дово	Demidowo; Dorf in der Nähe von Smolensk
Кавка́з	Kaukasus
Казахста́н	Kasachstan
Кострома́	Kostroma; Stadt nordöstlich von Moskau
Крым	Krim
Москва́	Moskau
Ни́жний Но́вгород	Nischni Nowgorod; eine der ältesten russischen Städte, hieß vorübergehend Gorki, heute bedeutende Industriestadt an der Mündung der Oka in die Wolga
Петербу́рг	(St.) Petersburg
Росси́я	Rußland
Росто́в на Дону́	Rostow am Don; südrussische Stadt am Ufer des Don, kultureller Mittelpunkt der Region
Росто́в Вели́кий	Rostow Welikij; nördlich von Moskau gelegene Stadt des „Goldenen Rings"
Сара́тов	Saratow; Gebietshauptstadt an der unteren Wolga
Со́чи	Sotschi; Urlaubsort am Schwarzen Meer
Су́здаль	Susdal; im Gebiet Wladimir, eine der ältesten Städte Rußlands (erwähnt 1024)
Украи́на	Ukraine
Яросла́вль	Jaroslawl; Großstadt nördlich von Moskau